Psychologie der Fotografie:
Kopf oder Bauch?

Prof. Dr. Sven Barnow leitet den Lehrstuhl für Klinische Psychologie/Psychotherapie an der Universität Heidelberg. Er ist Psychotherapeut, Coach und Supervisor. Seit einigen Jahren verbindet Prof. Barnow seine Leidenschaft für die Fotografie mit der Psychologie. Als Fotograf geht es ihm vor allem darum, authentische Porträts zu erstellen. Außerdem möchte er Fotografinnen und Fotografen ermutigen, sich mehr Zeit für den fotografischen Prozess zu nehmen, die eigene Kreativität zu schulen und so einen eigenen achtsamen Stil zu entwickeln.

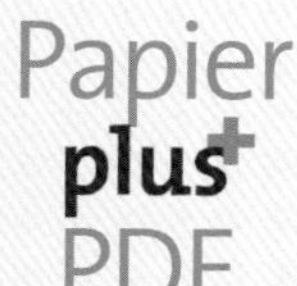

Prof. Dr. Sven Barnow

Psychologie der Fotografie: Kopf oder Bauch?

Über die Kunst, Menschen zu fotografieren

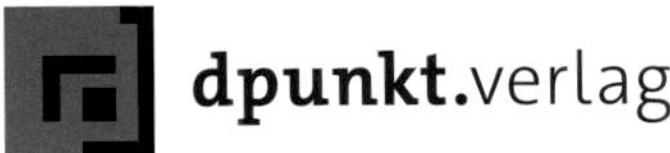

Lektorat: Gerhard Rossbach
Projektkoordination: Miriam Metsch
Copy-Editing: Sandra Gottmann, Münster-Nienberge und Susanne Rudi, Heidelberg
Satz: Ulrich Borstelmann, Dortmund
Herstellung: Susanne Bröckelmann
Umschlaggestaltung: Helmut Kraus, www.exclam.de
Druck und Bindung: Schleunungdruck GmbH, Marktheidenfeld

Bibliografische Information der Deutschen Nationalbibliothek
Die Deutsche Nationalbibliothek verzeichnet diese Publikation in der Deutschen Nationalbibliografie; detaillierte bibliografische Daten sind im Internet über http://dnb.d-nb.de abrufbar.

ISBN:
Print 978-3-86490-270-3
PDF 978-3-86491-829-2
ePub 978-3-86491-830-8
mobi 978-3-86491-831-5

1. Auflage 2016
1., korrigierter Nachdruck

Wieblinger Weg 17
69123 Heidelberg

5 4 3 2

*»Das Wesen des Menschen
bei der Aufnahme sichtbar zu machen,
ist die höchste Kunst der Fotografie.«*

– Friedrich Dürrenmatt –

Inhaltsverzeichnis

Kapitel 1

Einführung: Was erwartet Sie in diesem Buch?

Was hat die Psychologie mit der Fotografie zu tun? Und warum schreibt ein Psychologe ein Buch für Fotografinnen und Fotografen? Ein Fotograf (folgend verwende ich aus stilistischen Gründen nur die männliche Form, meine aber natürlich sowohl Fotografin als auch Fotograf) möchte Emotionen einfangen oder ausdrücken, eine Geschichte erzählen, auf etwas hinweisen, jemanden anrühren, vielleicht auch das Wesen eines Menschen einfangen oder einfach nur Fotografien erzeugen, die schön sind, die etwas beim Betrachter auslösen, Fantasien wecken. All dies hat mit Psychologie zu tun. In diesem Buch geht es deshalb um die Psychologie der Fotografie. Also unter anderem darum, eine Person so zu fotografieren, dass ihr Wesen oder besser ein Wesenszug oder eine dominante Emotion deutlich wird. Einen Moment einzufangen, der so nicht mehr herstellbar ist, aber gleichzeitig auch »die ganze Geschichte« zu erzählen – das ist es, was Menschenfotografie für mich ausmacht. Man könnte es auch »psychologische Porträtfotografie« nennen. Dazu bedarf es Ruhe, Entschleunigung, Achtsamkeit, Fokus und die Konzentration auf den Prozess.

Worin unterscheiden sich Fotografien, die uns anrühren und etwas bewirken, von solchen, die das nicht tun? Diese und andere Fragen beschäftigen mich seit vielen Jahren. Als Psychologe und leidenschaftlicher Fotograf bin ich darum bemüht, einen Menschen in seiner Gesamtheit wahrzunehmen und abzubilden. Nicht das Äußere ist dabei entscheidend, sondern vor allem das Wesen, die Persönlichkeit, die Ausstrahlung. So kann jemand vor Energie sprühen oder wie abgestumpft, erstarrt wirken; sich verbergen oder präsent sein, sich mit herausgestreckter Brust und erhobenem Kinn präsentieren oder mit herabhängenden Schultern und nach unten gerichtetem Blick. Manche Menschen wirken fragil, sensibel, andere »ordentlich«, stabil. Selbstverliebte Menschen erscheinen vielleicht befremdlich, dominante Personen lösen eventuell erst einmal Angst aus. All dies bietet ein wahrhaft spannendes Feld an fotografischen Darstellungsmöglichkeiten! Man muss nur »Sehen lernen«. Als Psychologe arbeite ich zudem oft mit Patienten, die psychische Probleme haben. Einige dieser Patienten fotografiere ich auch (siehe Leica Fotografie International [LFI] Blog: »When feelings going crazy«, Link *https://lfi-online.de/ceemes/de/blog/*). Das erfordert ein ganz besonderes Gespür für die Persönlichkeit und Geschichte dieser Menschen. Kann man die Seele, das Wesen fotografieren, den wahren Menschen zeigen? Geht so etwas in zwei Minuten, wie ein bekannter Fotograf behauptet?

Manche Fotografen versuchen gefällige Porträts zu erstellen. Dies ist jedoch nicht mein Ziel und hierzu werden Sie in diesem Buch wenig finden. Sie werden in diesem Buch auch keine Hinweise zur Technik der Porträtfotografie finden. Stattdessen möchte ich Mut machen zu Porträts, sei es im Studio oder auf der Straße, die einfach, aber nicht immer attraktiv und doch schön sind. Es geht in diesem Buch um das »Sehen«, aber auch um das sensible Coachen des Models, auch darum, wie man kreative Prozesse verstärkt, und um das Erschaffen, wie ich es nenne, wahrhafter, ehrlicher, einfacher, aber trotzdem intensiver, oder sagen wir »psychologischer Porträts«. Die Intensität der Beziehung, die sich während einer Porträtsitzung einstellt, wenn man psychologisch herangeht, ist zudem etwas zutiefst Befriedigendes. Das kann ein Porträt des Partners sein, aber auch ein Projekt, in dem es ganz allgemein um Menschen und ihr Lebensumfeld geht, oder auch die Straßenfotografie. Im Kapitel zu Kopf versus Bauch geht es vor allem darum, wie viel Kopf (Planung, Vernunft, Information) oder Bauch (Intuition, Emotion, Empathie) ein Fotograf benötigt, um relevante Fotos zu kreieren. Sie können sich testen, sind Sie ein Kopf- oder Bauchfotograf? Was bedeutet das eine und was das andere? Wie wichtig ist die Balance zwischen Kopf und Bauch? Die Kapitel zur Kreativität und Mindfulness räumen mit Mythen auf und zeigen Ihnen, gespickt mit vielen praktischen Tipps und Übungen, wie Sie Ihre Kreativität und Achtsamkeit steigern können. Hierzu finden Sie auch eine Vielzahl von Links zu Internetseiten und Buchempfehlungen. Weiterhin gehe ich auf das Gear Acquisition Syndrome (GAS, dt.: die Gier, Kameras und Objektive kaufen zu müssen) ein (inkl. Test) und beschreibe, wie es sich überwinden lässt. Im letzten Kapitel geht es dann darum, wie sich die Fotografie therapeutisch nutzen lässt, und zwar sowohl in der Begegnung mit sich selbst als auch im Sinne der Hilfe für andere.

Dieses Buch wird Sie dann inspirieren, wenn Sie sich als Fotograf weiterentwickeln möchten, speziell wenn Sie planen, sich selbst mehr einzubringen und den fotografischen Prozess zu entschleunigen und zu vertiefen. Außerdem wird es Ihre Porträtfotografie auf ein anderes Niveau bringen.

Kapitel 2

Der fotografische Prozess als bewusstes Gestalten

»When you take a photograph,« she said, »you look in a more objective way,« but there is also a connection between photographer and subject. »It's recognition, as Diane Arbus said.«

Manche Fotografen fokussieren möglicherweise zu stark auf die Technik, »Schärfe« ist für sie das wichtigste Konzept. Offensichtlich glauben sie, der Realität damit am nächsten zu kommen. Dies kann durchaus auch so sein, sofern die Schärfe nicht dem Selbstzweck, sondern der Gestaltung dient. Aber kommt es in der Porträtfotografie wirklich immer auf die Schärfe an? Wird nicht sogar in der Beauty-Fotografie oft die Haut geglättet und jede Falte entfernt, um das Porträt eben gefälliger zu machen oder dem anzupassen, was wir in der Regel als schön empfinden? So konnte beispielsweise eine Untersuchung an den Universitäten Rostock und Regensburg zeigen, dass das, was wir als »Beauty« wahrnehmen, dem *Durchschnittlichen* nahe kommt. Das heißt, dass wenige Unterschiede in den einzelnen Vorstellungen darüber existieren, was als schön angesehen wird. Dabei kommt es vor allem auf die Augen (groß, leuchtend, bestimmter Abstand voneinander), die Haut (rein) und gewisse Proportionen (Verhältnis Oberkörper und Unterkörper 0.7 zu 1.0) an (siehe Freeman 2013). Diese »technischen« Werte wurden mittels tausender digital gemorphter Bilder ermittelt. Das wirft die Frage auf: Wollen wir wirklich Einheitsporträts, die diesen eher oberflächlichen Kriterien genügen? Wie können wir uns von dem Wunsch, ein gefälliges Porträt zu erstellen, lösen und stattdessen in die Tiefe gehen, wo die wirkliche Schönheit verborgen liegt?

In dem Buch »50 Porträts«[1] skizziert Gregory Heisler seine Überlegungen und seine Herangehensweise bei der Anfertigung von Porträts, die er meist von bekannten Personen gemacht hat. Dabei beschreibt er den »fotografischen Prozess« mit allen Aspekten, die mir wichtig erscheinen. Hierzu gehören zwar auch die Vorbereitung und Planung (das Was und Wie, also eher der »Kopf«), aber vor allem die Interaktion mit dem Model und der fotografische Prozess an sich. Denn hierbei ergeben sich verschiedene psychologische Aspekte, die diesen Prozess kennzeichnen: (a) das Wahrnehmen der Situation (Was sehe ich überhaupt?); (b) Achtsamkeit (Fähigkeit, Details wertungsfrei zu erkennen); (c) Kommunikation (Coaching, Kontakt zum Model) und (d) das Komponieren und Auslösen (Entscheidung). Alle diese Aspekte sind wichtig, sie erfordern Konzentration auf die Sache und können trainiert werden! Ein Beispiel: Mein Ziel war es, ein authentisches Porträt eines befreundeten Professors zu erstellen, in dem ich nicht seine eher heitere, aber aus meiner Sicht auch weniger authentische Art festhalte, sondern vielmehr seine Tiefe, Intelligenz, Melancholie. Wie kann ich das erreichen? Die Zutaten sind die Komposition (sehr nah, das verleiht Tiefe), ein ernster, konzentrierter Gesichtsausdruck und Empathie (Sicheinfühlen in die fotografierte Person). Die Technik an sich (Objektiv, Kamera) ist dabei eher zweitrangig, nur das Licht ist entscheidend.

In diesem Buch werden Sie viele Anregungen bekommen, wie Sie ein authentisches und intensives Porträt herstellen können. Dabei sind mein psychologischer Hintergrund (als Psychotherapeut) und meine Erfahrungen als leidenschaftlicher Fotograf ganz entscheidend für meine Sichtweise auf die »Menschenfotografie«, denn die Psychologie kann der Fotografie eine gewisse Tiefe und Reflektiertheit verleihen. Begabte Menschen-Fotografen sind auch meist gute Psychologen. Die Psychologie verhilft uns zudem dazu, das Selbst besser zu verstehen und somit auch Fragen zu klären, warum wir fotografieren und wie wir es schaffen können, unsere Gefühle und Gedanken fotografisch umzusetzen. In meinen Projekten verbinde ich das Fotografieren auch direkt mit der Psychologie. Die Projekte umfassen beispielsweise Aufnahmen von Patienten während einer Psychotherapie (Buch: »Therapie wirkt«[2]) oder die Auseinandersetzung mit der Borderline-Störung. In den Ausstellungen, die wir dazu durchgeführt haben, sprachen mich immer wieder Menschen an. Einige berichteten mir, wie sehr sie die Porträts bewegt haben (das größte Kompliment für mich), andere waren eher irritiert über den Mut der sich dort offen »zeigenden« Patienten und wieder andere wollten vor allem wissen, wie ich was fotografiert habe. Einig waren sich alle darüber, dass die Porträts eine Geschichte erzählen, Emotionen zeigen und erzeugen und dass die kurzen Zitate aus den Gesprächen mit den Patienten hilfreich für das Verständnis des Bildes waren. Das folgende Beispiel dokumentiert, was ich meine:

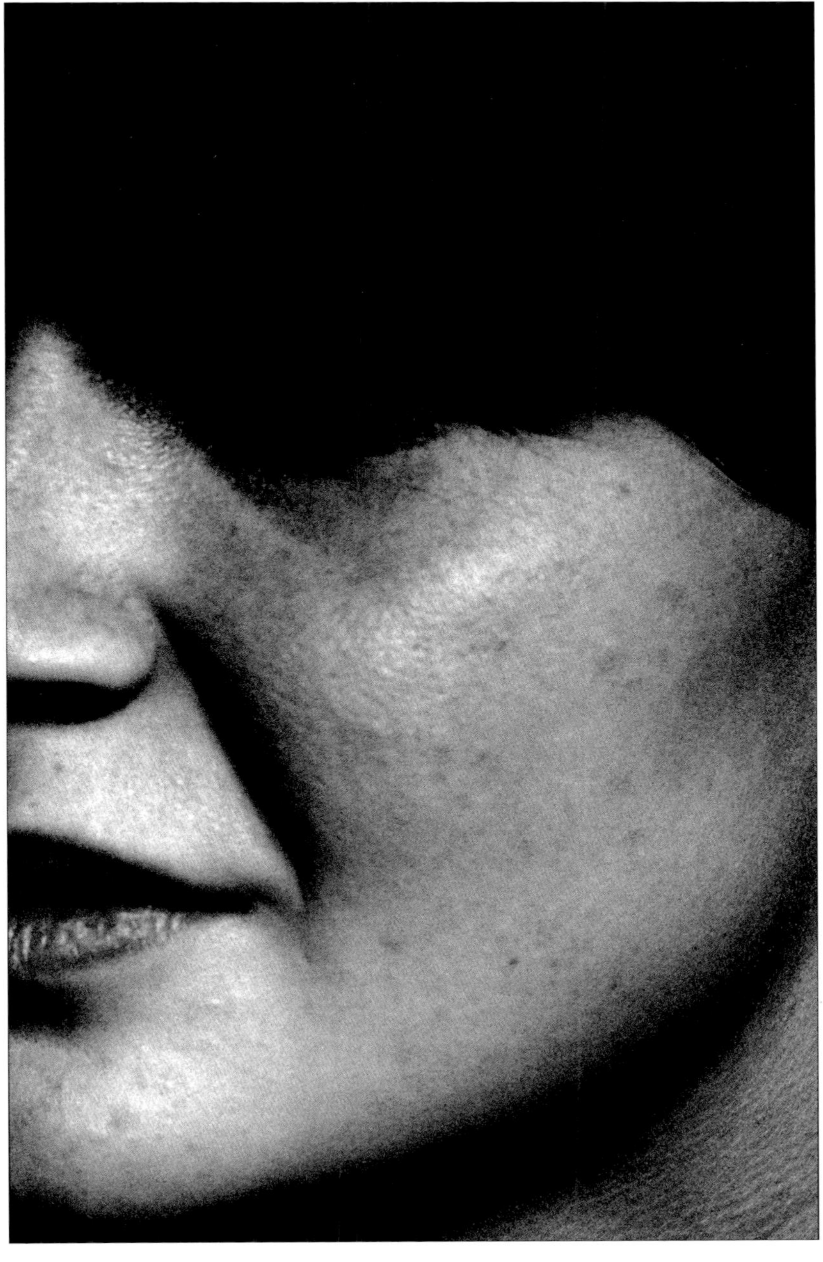

»Früher habe ich mir immer gewünscht, am liebsten würde ich Krebs kriegen und nicht diese Depressionen haben, damit die Leute das sehen, aber im Moment wünsche ich mir nichts mehr, als gesund zu sein.«

Dieses Porträt und der Text machen aber auch sichtbar, welche große Bedeutung Vertrauen während des Fotografierens hat! Ein Porträtfotograf, der es nicht schafft, Vertrauen und Sicherheit herzustellen, wird selten gute Porträts aufnehmen, oder ihm wird das Innerste der porträtierten Person verborgen bleiben. Hätte mir diese Patientin in einem normalen Shooting so viel von sich gezeigt? Ich denke nicht. Heisler[1] beschreibt das so:

»Does the person sitting for the Porträt trust the photographer enough not to get in the way of his version – not to seek to be both the subject and the artist?«

Eine weitere Porträtaufnahme soll das demonstrieren. Bei dem Model handelt es sich um eine Frau mit Borderline-Persönlichkeitsstörung. Diese psychische Störung zeichnet sich durch eine starke Emotionalität aus, mit intensiven Stimmungsschwankungen, geringem Selbstwertgefühl, Impulsivität, Todessehnsucht und Angst, oft auch selbstverletzendem Verhalten (sich z. B. zu schneiden). Die Patienten sind aber auch kreativ, lebhaft und liebenswert! Ich habe lange über die Ursachen geforscht und mit diesen Menschen auch therapeutisch gearbeitet. Es war klar, dass ich behutsam vorgehen musste, um einerseits die Zerbrechlichkeit abzubilden, andererseits aber auch nicht zu viele Gefühle auszulösen. Wie man das unter Verwendung von Gesprächs-/Körpertechniken erreicht, beschreibe ich im folgenden Kapitel. Nur so viel an dieser Stelle: Ohne eine enge Vertrauensbeziehung wäre mir dieses Foto nicht gelungen. Mein Model musste sich öffnen, ohne dabei jedoch das Gesicht zu verlieren. Die Zerbrechlichkeit, der Wunsch nach Liebe und das ängstliche Sichverstecken sind Themen dieser Aufnahme. Fotografiert man auf diese Art und Weise, entstehen intime, emotionale Momente, der Blickkontakt wird zum beiderseitigen Sehen in die Seele oder besser in das Wesen. Dies ist zutiefst befriedigend und bewirkt eine wirkliche Begegnung mit dem Menschen, der fotografiert wird. Durch die intensive Konzentration auf das Festhalten des Moments wird zudem die Beziehung des Fotografen zum Bildmotiv verstärkt. Viele Fotografen haben danach das Gefühl, das Motiv gehöre zu ihnen.[3]

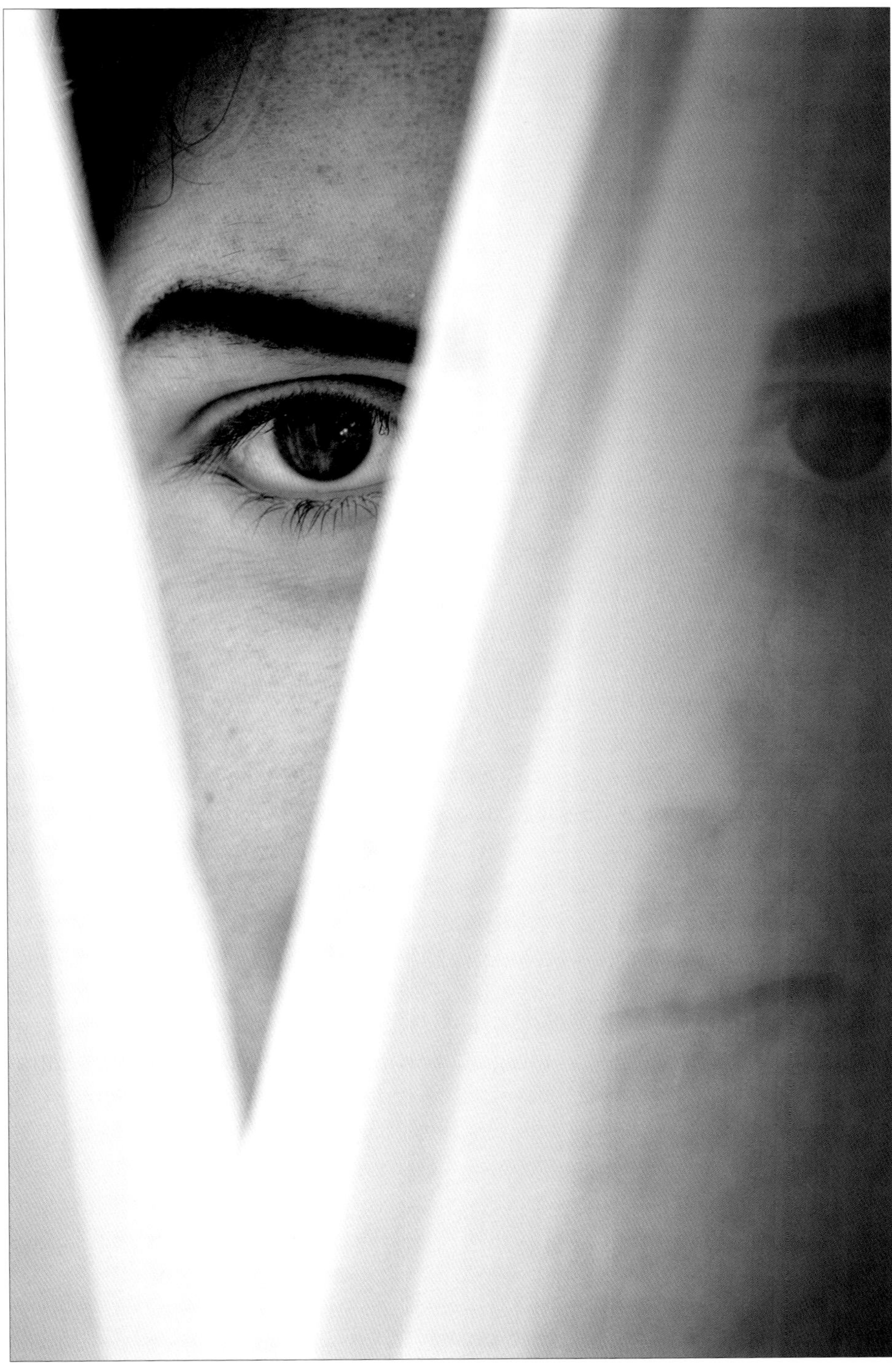

Vertrauen und Intimität: die Grundlagen eines guten Porträts

Lassen Sie uns mit dem Wichtigsten beginnen: dem Aufbau von Vertrauen. Welche Techniken sind hilfreich dabei, tiefer in die Persönlichkeit, das Wesen eines Menschen einzutauchen und diesen zu verstehen, und zwar ohne Schubladen zu öffnen oder Bewertungen und Projektionen zu viel Raum zu geben? Wie können wir wahrhafte, ehrliche Porträts erstellen, die einen dominanten Wesenszug der fotografierten Person einfangen? Denn jede zu rasche Bewertung reduziert unsere Wahrnehmung auf das, was wir sehen *wollen*, und nicht auf das, was wir sehen *könnten*. Bedenken Sie, wir alle sind nicht frei von unseren Projektionen, damit meine ich, dass wir oft Dinge sehen, die uns selbst näher sind, während wir andere nicht registrieren, weil sie uns fremd sind. Wenn Sie beispielsweise ein eher optimistischer Mensch sind, wird es Ihnen schwerer fallen, Melancholie und Verzweiflung bei anderen zu sehen. Diese Selektionseffekte treten immer dann auf, wenn Sie es nicht schaffen, anderen Personen wertungsfrei zu begegnen. Denn diese Wertungsfreiheit ermöglicht den Prozess der wahren Begegnung. Ich möchte Ihnen einige Coaching-/Gesprächstechniken zeigen, die hilfreich dabei sein können, wahrhafte und ehrliche Porträts zu erstellen. Vor die Darstellung dieser Techniken stelle ich jedoch das Interview mit dem Aufsichtsratsvorsitzendem der Leica AG und passionierten Fotografen Dr. Andreas Kaufmann.

Wir unterhielten uns über das »Wesentliche« in der Fotografie und inwieweit sich das Wesen eines Menschen fotografisch abbilden lässt. Natürlich fragte ich ihn auch, welche Bedeutung die Kamera dabei hat.

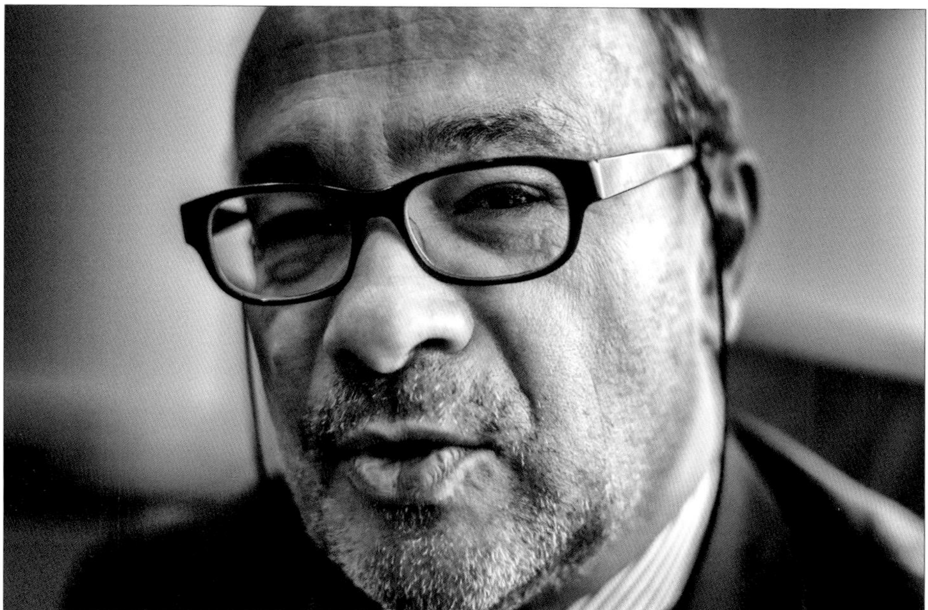

(Fotograf: Sven Barnow)

Lieber Herr Dr. Kaufmann, erst einmal herzlichen Dank dafür, dass Sie sich die Zeit für dieses Interview nehmen. Das Thema ist Psychologie der Fotografie. Was fällt Ihnen hierzu spontan ein?

Ich muss mir als Fotograf dessen bewusst sein, dass ich etwas herausschneide aus einem Kontext, der normalerweise eine Entwicklung ist. Das hat die Funktion des Bewahrens auf der einen Seite. Und auf der anderen Seite kann es – ich denke immer gern polar – entblößen. Und dazwischen kann sich das, gerade in Bezug auf Menschen, bewegen. Hier kommt die Psychologie ins Spiel.

Speziell die Porträtfotografie ist ja nicht immer einfach umzusetzen. Beim Porträtierten löst das Sichentblößen, wie Sie das nennen, auch Angst aus, denn man exponiert sich ja, muss dem Fotografen vertrauen. Da wird etwas unwiderruflich festgehalten, ein Moment, ein Wesenszug, eine Emotion!

Also das Fotografieren von Menschen (Landschaft ist ja etwas anderes) hat immer so ein bisschen dieses, ich nenne es »ich töte ihn in der Zeit«, also friere jemanden fest in einem bestimmten Zusammenhang. Und jetzt kann ich das entweder mit einem liebevollen Auge tun oder eben nicht. Ein Beispiel: Bruce Gilden. Bruce Gilden hat ganz was Böses getan. Er hat eine Leica M mit dem Blitzgerät verbunden und einfach auf die Menschen draufgehalten. Dadurch hat er grauselige Porträts erzeugt, die aber authentisch sind und einen Augenblick einfrieren. Auf der anderen Seite haben wir ein Projekt vorgestellt, in dem Lenny Kravitz es sich zur Angelegenheit gemacht hat, »zurückzuschießen«, also fast eine Art Selbstbefreiungsprozess.

Ja, ich habe die Bilder gesehen, toll. Das spricht die »Entblößungsseite« an, oder?

Eigentlich ja. Es gibt einen weiteren fotografischen Ansatz, der auch mit Psychologie zu tun hat: Der ist sozusagen der des Beweisens. Der ist heute vor allem in den »social media« sehr ausgeprägt. Also: »Das ist mein Essen.« »Ich bin hier, warum seid ihr nicht da?« Und so weiter. Und dann gibt es noch Fotografie als Kunst, ich gestalte etwas, verändere, zeige meine Sicht der Dinge ...

Ja, das trifft es sehr schön. Sie haben einmal im Interview gesagt, Sie möchten die Fotografie mit der Technik und mit der Emotion verbinden. Vielleicht können wir kurz darauf kommen. Warum Emotion? Warum denken Sie, dass das so eine große Rolle spielt?

Hm, Emotionales meint, »etwas rührt mich an« und ich sage, ich will es eigentlich festhalten.

Ja.

Ich bin ja kein Profifotograf, sondern Amateur. Bei »echten« Fotografen kommt es mir immer so vor, als ob die etwas ins Auge eingebaut haben (lacht). Die sehen irgendwas. Und dann versuchen sie, dieses entsprechend festzuhalten. Henri Cartier-Bresson beispielsweise, 1932, Gare Saint-Lazare, das ist, wo man diese Bretterwand sieht, im Hintergrund ist der Bahnhof und da ist eine Riesenpfütze. Ein Mann springt, man sieht sein Spiegelbild in der Pfütze und jeder weiß, in der nächsten Sekunde wird er in die Pfütze knallen und er wird furchtbar nass. Und Cartier-Bresson hat diesen Moment, kurz bevor dies passiert, festgehalten. Da ist ein fotografisches Kunstwerk entstanden und auch etwas Emotionales abgebildet.

Kann man sagen, das ist Intuition? Da gibt es eben nur diesen Moment, den er, wenn er ihn analysiert, also den Verstand eingeschaltet hätte, nie so hätte einfangen können. Ich glaube, er hat in einem Interview geäußert, man müsse diese Momente erspüren, erschnüffeln ...

Ja, es ist wahrscheinlich auch das, was Sie Intuition nennen, also ein unbewusst Bewusstes, weil es ist ja beides gleichzeitig da. Gefühl für den bestimmten Moment und eine bestimmte Komposition.

Genau, da sind wir beim Thema: Kopf versus Bauch? Es gibt von Alfred Stieglitz eine Aussage, da sagt er sinngemäß: Seine Wolkenbilder sind Manifestationen der emotionalen Verfassung, in der er sich befand. Dient die Fotografie nicht auch dazu, eigene Emotionen auszudrücken?

Das finde ich eher schwierig, weil es ist ja ein technisches Medium dazwischen. Der Fotograf ist ja immer darauf angewiesen, dass ein Objekt vor ihm ist. Es ist ja anders als beim Maler, der kann einfach so loslegen. Der Fotograf braucht immer einen Gegenstand.

Ein bekannter Fotograf hat einmal gesagt, er könnte innerhalb von zwei Minuten das Wesen eines jeden Menschen fotografisch darstellen.

Auweh.

Was meinen Sie?

Der muss aber schon sehr weit fortgeschritten sein in seinen Forschungen bezüglich der Psyche. Also, das halte ich für einen, sagen wir, einen sehr kühnen Ansatz. Ich glaube, da muss man schon neben den fotografischen Fähigkeiten auch eine gewisse Empathie zeigen, um ein Verständnis für die andere Person zu entwickeln, und selbst dann – ich glaube nicht, dass das so einfach ist.

Wie würden Sie diesen Satz ergänzen? »Künstlerisch gestaltete Fotografie sollte …«

Künstlerisch gestaltete Fotografie sollte vielen Menschen zugänglich sein.

Ja!

Kunstfotografie sollte die verschiedenen Aspekte, die das Leben der Fotografie bietet, in kongenialer Weise abbilden. Kongenial würde in dem Fall heißen, unter Beherrschung der verschiedenen Methoden der Technik, aber mit dem eigenen Blick.

Sie sind selber Amateurfotograf. Wahrscheinlich wird Ihnen wenig Zeit bleiben, bei den vielen Aufgaben, die Sie haben. Mit was fotografieren Sie momentan und warum?

Oh, mit verschiedenen Leicas natürlich. Ich habe zurzeit das Vergnügen, mit einem Leica-Prototyp zu fotografieren. Das ist die neue Monochrom.

Die neue Monochrom, ah!

Das Konzept Monochrom haben wir ja durchgesetzt, Schwarzweiß ist Struktur und Farbe ist Emotion. Ja, und dieses Schaffen der Struktur durch Schwarzweiß, das hat einen ganz eigenen Zauber, der gerade auch in Zeiten des Digitalen, wenn man es richtig hinkriegt, etwas ganz Besonderes darstellen kann.

Was fotografieren Sie?

Es ist ganz einfach, ich halte mein Leben fest.

Oh, interessant.

Das ist für mich mein Tagebuch.

Das ist übrigens eine Technik aus der Fototherapie, dieses, also genau das festzuhalten, was man fühlt und erlebt.

Wissen Sie, in der Fotografie geht es darum: Was kann man gestalten? Natürlich ist es schön, wenn man ein schönes Gerät dazu hat, aber am Ende ist es sozusagen das, was man individuell versucht, damit herauszubekommen. Man sollte gutes Equipment dafür haben, aber am Ende ist es der Fotograf, der das Bild macht.

Das war ein wunderbares Schlusswort. Ich danke Ihnen sehr herzlich für dieses Interview.

Gerne!

Die Kunst des Coachings in der Porträtfotografie oder warum links nicht gleich rechts ist

Haben Sie einmal darüber nachgedacht, wie Sie sich fühlen, wenn Sie fotografiert werden? Was denken und empfinden Sie, welche Ängste treten auf? Zu Beginn einer Porträtsitzung sind die meisten Personen angespannt und sie versuchen, sich auf eine ganz bestimmte Art und Weise zu präsentieren. Sie haben Angst, dass man ihre Schwachstellen sieht, die Asymmetrien, die oft zwischen beiden Gesichtshälften auftreten. Meist gibt es eine Schokoladenseite, die präsentiert wird. Oft ist es die rechte Gesichtshälfte (immer vom Model aus gesehen). Warum? Weil Mimik und Gestik der rechten Gesichtshälfte eher durch Areale der linken Hirnhälfte gesteuert werden. Es scheint auch so zu sein, dass linksseitig eher positive Emotionen wie Freude verarbeitet werden, was sich dann auf die rechte Gesichtshälfte positiv auswirken soll. Der Psychologe und Neurobiologe Richard Davidson[4] konnte beispielsweise zeigen, dass Menschen, die linksseitig eine höhere Hirnaktivität als rechtsseitig aufweisen, häufiger über positive Gefühle berichten und ausgeglichener sind als Personen, bei denen eine Asymmetrie in Richtung einer höheren rechtsseitigen Aktivität auftrat. Andere Studien zeigen, dass die rechte Hirnhälfte vor allem bei Menschen mit Depressionen oder negativen Emotionen überaktiv ist. Das legt nahe, dass sich kritische Lebensphasen und deren Auswirkungen auf die Mimik, Gestik, Muskulatur des Gesichts eher in der linken Gesichtshälfte offenbaren. Ohne diese Befunde überbewerten zu wollen, scheint sich die Biografie eines Menschen eher in der linken Gesichtshälfte abzubilden. Bietet es sich dann nicht an, eher »linkslastig« zu porträtieren? Andererseits weisen Mönche mit langen Meditationserfahrungen starke Asymmetrien der Hirnaktivität in Richtung der linken Hirnhälfte auf (was mit dem Vorhandensein eher positiver Emotionen wie u. a. Mitgefühl in Zusammenhang gebracht wird). Möchte ich dies zeigen, fotografiere ich vielleicht eher rechtsbetont? Schauen Sie sich die Porträts der alten großen Meister, zum Beispiel in der Ausstellung in Dresden (Zwinger: Gemäldegalerie Alte Meister), an. Dort werden Sie immer wieder genau dies feststellen: Betont wird eine Gesichtshälfte, vor allem unter Verwendung der Lichtführung. Auch die Körperhaltung ist entscheidend, aber hierzu später mehr. Fotografisch gesehen spiegeln sich also neurobiologische Erkenntnisse in Mimik und Gestik des Gesichts wider, die linke Gesichtshälfte ist mehr vom »Emotionalen charakterisiert«, meist weniger perfekt, das Auge wirkt (und ist) auf der linken Seite meist kleiner als das rechte Auge, Falten und Furchen sind ausgeprägter, der Corrugator (Stirnfalte) windet sich mehr zur linken Gesichtshälfte hin. Dieses Wissen können Sie nutzen, wenn Sie ein psychologisches Porträt erstellen wollen. Machen Sie nun einen kleinen Selbstversuch. Stellen Sie sich vor den Spiegel und betrachten Sie Ihr Gesicht ganz genau: Was sehen Sie? Achten Sie gezielt auf Unterschiede in den Gesichtshälften.

Das folgende Bild zeigt eine solche Asymmetrie, hier am Beispiel einer Patientin, die meine Studentinnen (die Fotografinnen Anna Sawall und Theresa Nickel) im Rahmen eines meiner Kreativ-Workshops fotografiert haben. Schauen Sie sich die Augen an, wie unterschiedlich sie wirken. Man spürt zudem die Emotionalität und starke Persönlichkeit hinter diesem Porträt.

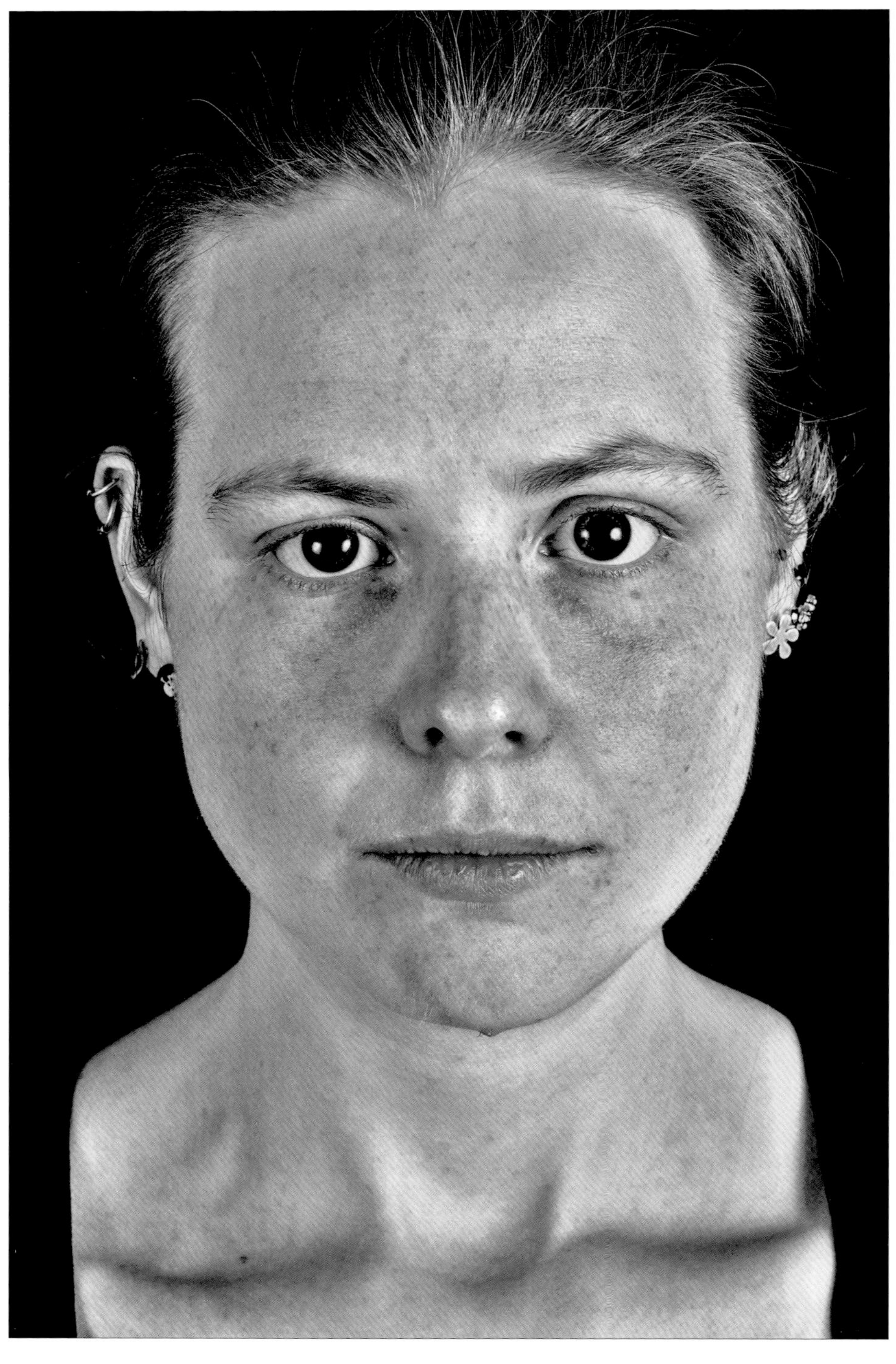

Andererseits präsentieren sich Personen, die porträtiert werden, gern folgendermaßen: Sie strecken das Kinn nach vorn heraus (demonstriert Stärke und Energie), neigen das Gesicht leicht in die bevorzugte (meiste rechte) Richtung und lächeln. Sie wollen stärker, optimistischer und dynamischer wirken, als sie es vielleicht sind. Nur melancholischen Menschen gelingt es nicht zu lächeln, oder es wirkt dann gequält. Die Gesichtsmuskeln (immerhin etwa 26 verschiedene Muskeln) sind bei einer derart künstlichen Mimik immer angespannt, dadurch wirkt alles maskenhaft, unecht. Genau diese Art von Porträt interessiert mich nicht und ich tue alles, um sie zu vermeiden. Schauen Sie sich das Lächeln der Mona Lisa (Leonardo da Vinci) an, hier ist alles »echt« und authentisch und genau das erzeugt diese wunderbare Leichtigkeit, die das Porträt ausstrahlt und die es so besonders macht. Was ich Ihnen also vermitteln will, sind einfache, ehrliche Porträts, die aus meiner Sicht eine wirkliche Schönheit in sich tragen. Emotionen, Erlebnisse, die Biografie und das »Wesentliche« verbergen sich im Gesicht eines Menschen. Nichts soll davon ablenken und den ersten Eindruck stören. Wim Wenders drückt das wunderbar so aus:[5]

»I want to have an uninformed first impression,
stand back and watch, without any opinion
Who do I see there?
And then, afterwards, I want to be introduced ...«

Es hat deshalb keinen Sinn, »Lebenszeichen«, also das wirklich Entscheidende in einem Porträt, wegzuretuschieren, zu glätten oder mittels Licht zu verstecken (es sei denn, Ihr Auftraggeber fordert das von Ihnen, aber dann bleibt Ihnen immer noch die Möglichkeit, ein weiteres, authentisches Foto zu machen). Die folgenden zwei Porträts spiegeln wider, was ich meine. Das erste wurde am Anfang der Sitzung aufgenommen, es zeigt eine junge Frau, die nicht in die Kamera schaut, das Kinn nach vorn streckt (schauen Sie, wie dominant es wirkt), die »bessere« Gesichtshälfte automatisch präsentiert.

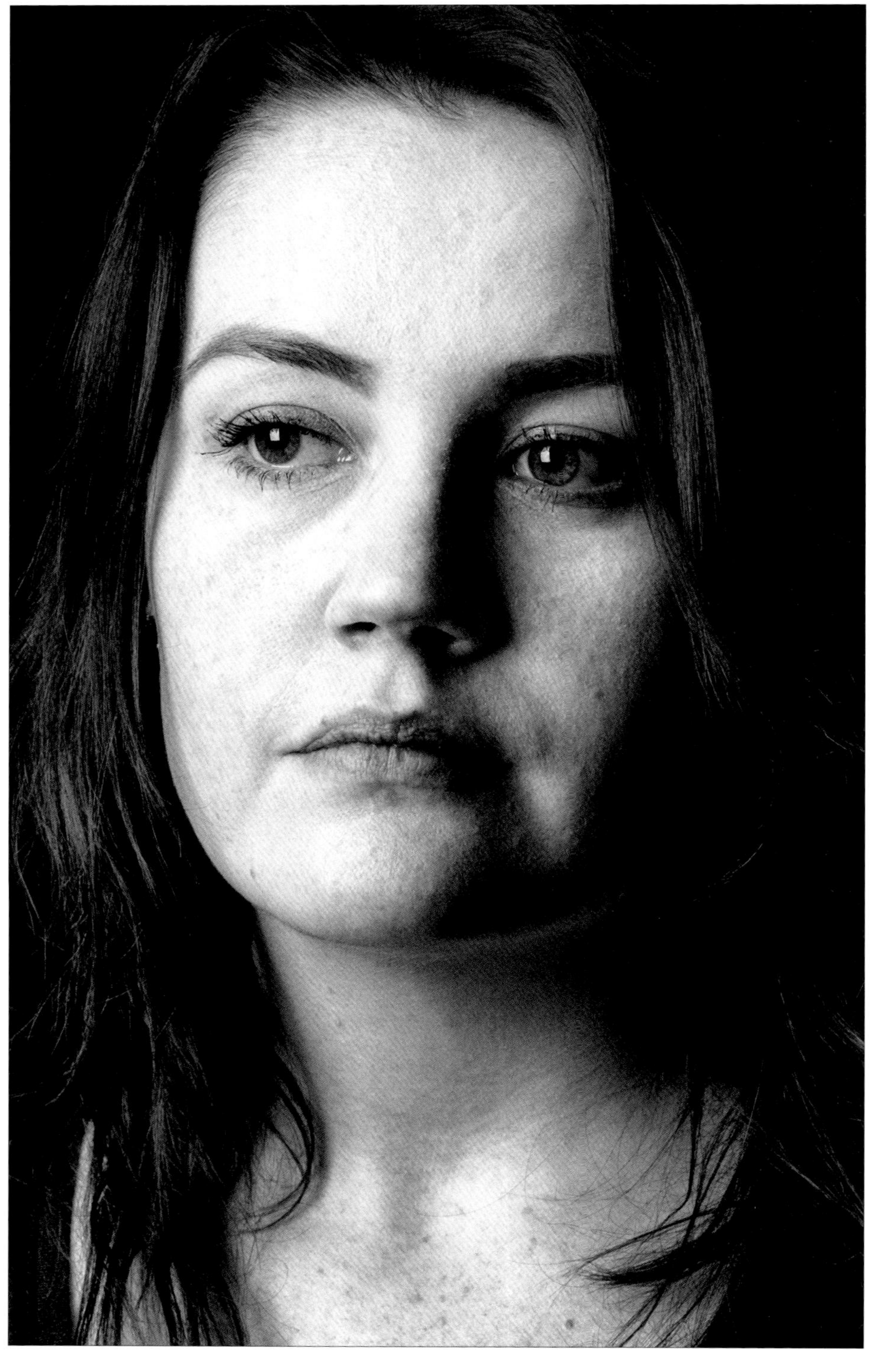

Das folgende Bild zeigt die Entwicklung, die wir gemeinsam nahmen. Dieses Foto ist am Ende der zweiten Sitzung entstanden. Ohne Blitz, mit einem schwarzen Tuch im Hintergrund, einem Objektiv mit 90-mm-Brennweite und Blende 4. Die junge Frau schaut direkt in die Kamera, das Kinn wirkt jetzt ganz anders, weniger dominant, es ist zudem leicht nach unten gerichtet, dadurch wirkt das Porträt offener. Ihre Verletzlichkeit, Emotionalität werden nun deutlich. Für mich ein ehrliches, schöneres und wahrhaftes Porträt, das ich sehr mag.

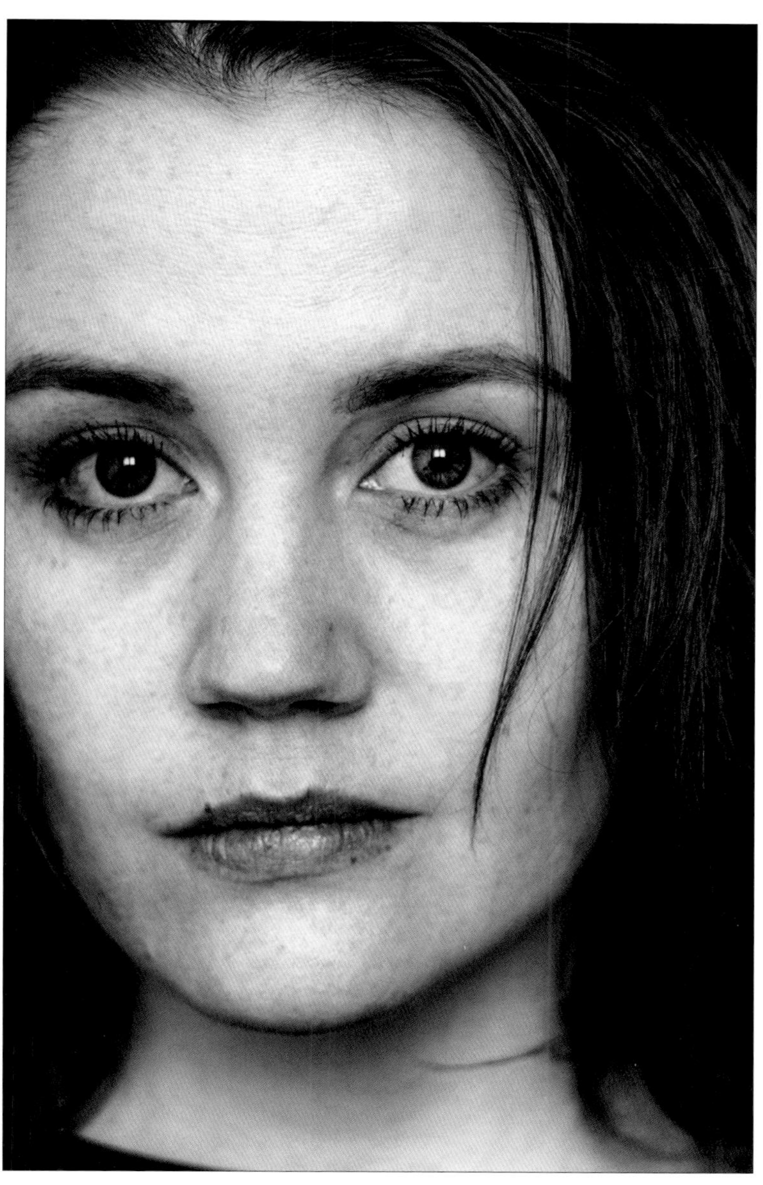

Körperhaltungen, Mimik und Gestik sind zudem bei manchen so vom Leben gezeichnet, dass sie sich nicht mehr verbergen lassen, wie dies im folgenden Straßenbild deutlich wird. Dieses Gesicht sprang mir förmlich ins Auge, ich überlegte, was dieser Mensch wohl erlebt hatte. Wie geht es ihm? Ist er eingebunden? Findet er Trost? Natürlich habe ich hier nachgeholfen, indem ich den Hintergrund etwas abgedunkelt habe, um den Fokus auf die Mimik und Gestik zu richten und gleichzeitig eine emotionale Stimmung zu erzeugen. Der Kontext (Regen, düstere Stimmung) unterstreicht das, was ich in diesem Moment erlebte. Hier stellt sich aber die Frage: Habe ich etwas hineinprojiziert oder tatsächlich einen Wesenszug dieser Person dargestellt? Ich denke, die Wahrheit liegt in der Mitte: Ein melancholischer Moment wurde eingefroren.

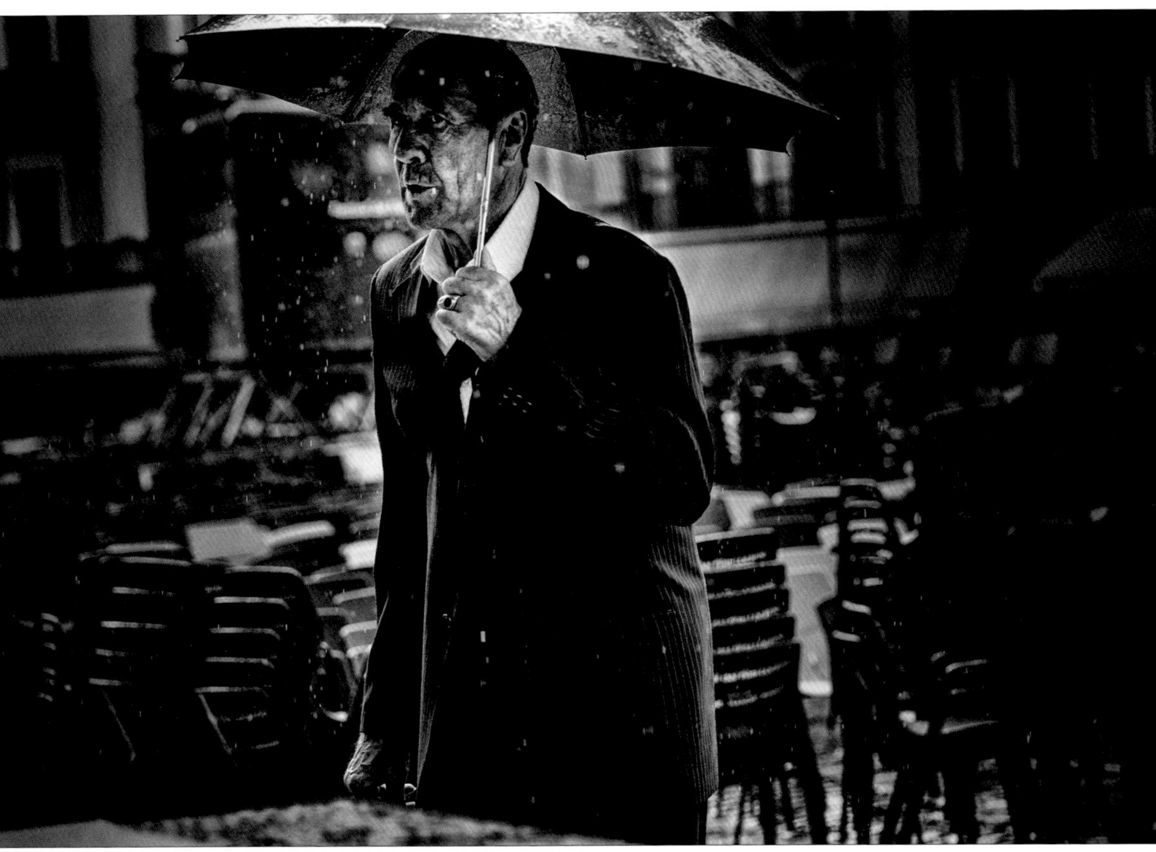

Oft sind bestimmte Körperhaltungen auch kulturell geprägt und es geht darum, den Erwartungen der Kultur und Gesellschaft gerecht zu werden, indem man sich beispielsweise eher dynamisch präsentiert als nachdenklich, zögerlich oder gar sensibel. Wer will schon »schwach« wirken? Das folgende Zitat, das ich aus dem Buch von Heisler[1] übernommen habe, macht dies deutlich:

> *»In Japan, body language conveys a strong message, especially for an executive; a very different message than it might carry in the States. If I fold my arms, it is seen as being defensive. If my legs are crossed, I appear weak and lazy. My hands clasped in front of me appear to be hiding something. And if I put them in my pockets, I just look sloppy. So when I am like this,« he continued, resuming his straightforward stance, »I am businesslike and strong.«*

Der Fotograf produziert dann ein Foto, auf dem eine Person lächelt, sich dominant präsentiert und anderseits nichts über sich verrät. Ich habe viele solcher Porträts gesehen, selten ergibt sich daraus eine gewisse emotionale Intensität. *Emotion ist jedoch, ebenso wie Licht und Komposition, eines der wesentlichsten Charakteristika einer guten Fotografie*. Porträts, in denen unechte (gestellte) Emotionen dargestellt sind, wirken meist belanglos.

Machen wir doch hierzu gemeinsam einen kleinen Test: Decken Sie die Augenpartie eines Porträts in einer x-beliebigen Foto- oder Modezeitschrift ab und schauen Sie sich die Mundregion an, anschließend decken Sie den Mund ab. Sehen Sie dieselbe Emotion? Ein echtes Lächeln erkennt man daran, dass in beiden Regionen – Mund und Augen – das emotionale Erleben deutlich wird. Beim unechten oder sozialen Lächeln hingegen lächeln die Augen nicht wirklich mit. Schauen Sie sich nun Ihre Porträts diesbezüglich an. Ist das Model wirklich entspannt, das Lächeln authentisch? Was sehen Sie speziell in den Augen? Was löst dieses Porträt bei Ihnen aus? Wirkt es oberflächlich? Maskenhaft? Einfach nur schön, weil das Model gut aussieht? Das folgende Foto entstand in einer Fotosession zur Vorbereitung eines Projekts mit meinen Patienten. Ich wollte verschiedene Lichtsettings und Coachingtechniken üben und habe hierzu mit dieser Studentin gearbeitet. Erst am Ende der Sitzung gelang mir ein wirklich authentisches Foto. Wenn dieses vielleicht auch nicht unbedingt den klassischen Kriterien eines guten Porträts entspricht, so gefällt es mir doch, denn genauso habe ich diese Studentin auch erlebt: freundlich, involviert, engagiert und empathisch.

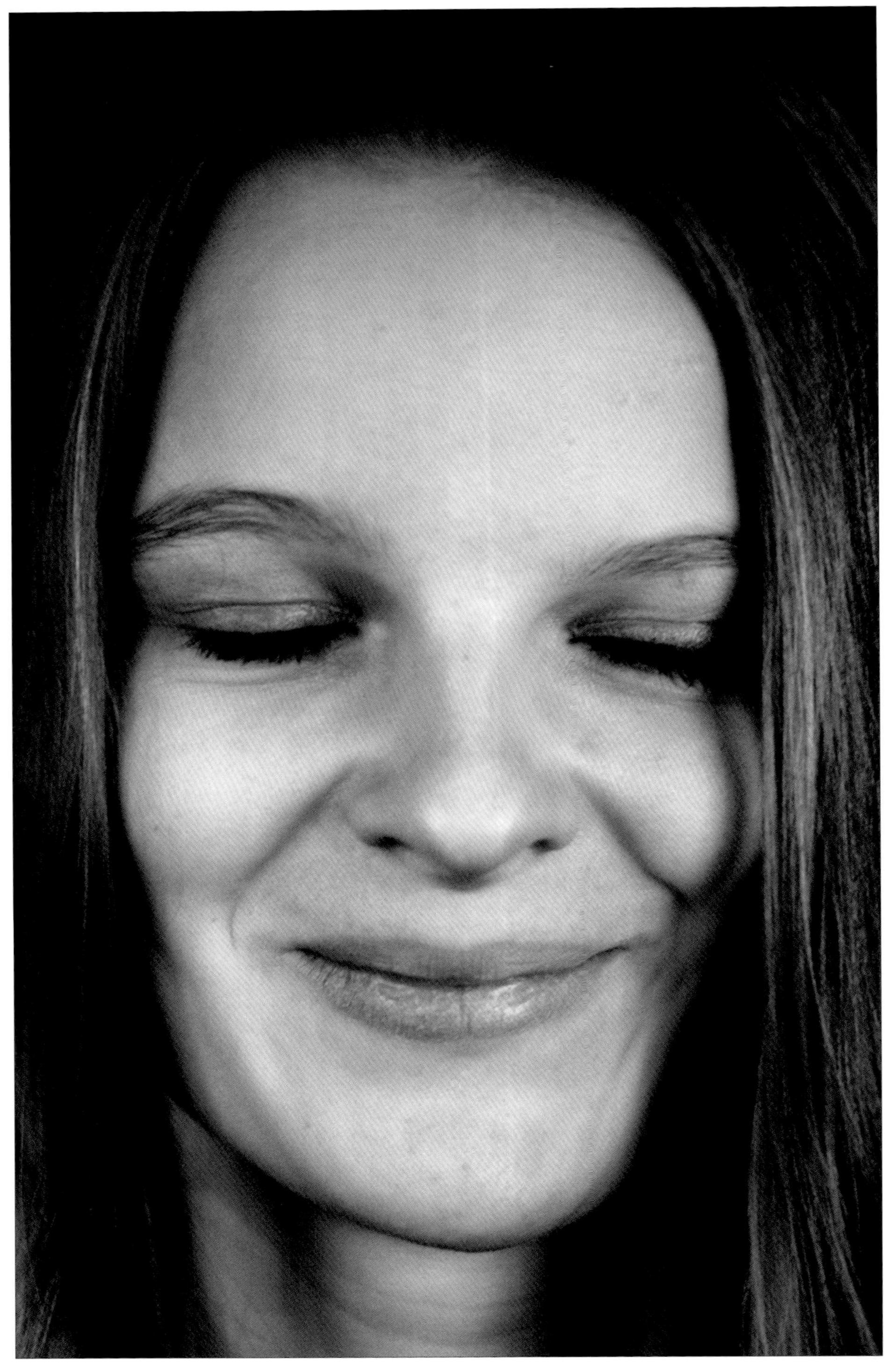

Hier ist ein weiteres Beispiel aus meinem Projekt »Therapie wirkt«. Das Foto wurde von Johannes Belling, einem meiner Studenten, aufgenommen. Betrachten Sie es bitte einmal genau: Was sehen Sie, wichtiger noch, was fühlen Sie, wenn Sie sich dieses Porträt eines jungen Patienten anschauen? Was mag wohl sein Problem sein? Lassen Sie das Bild einige Zeit auf sich wirken, nehmen Sie nur auf, lernen Sie sehen und verstehen: Was fühlen Sie dann?

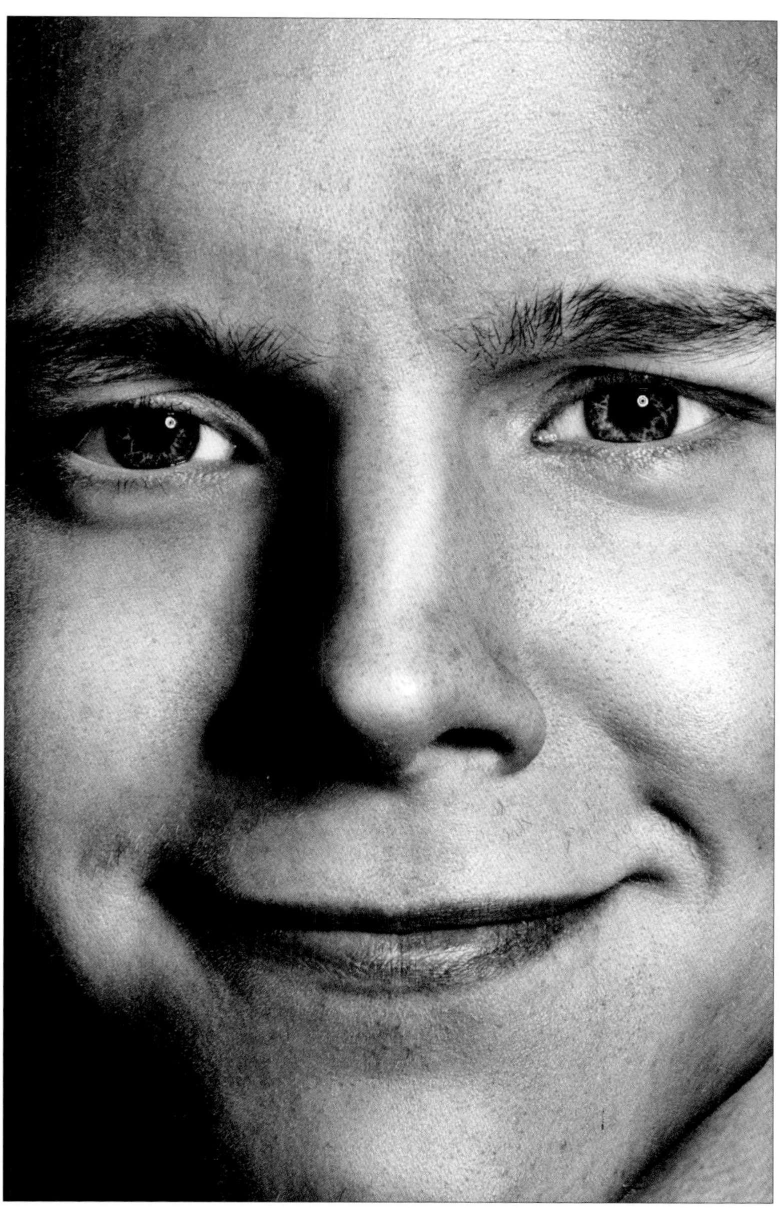

Meine sensiblen Psychologiestudentinnen äußern bei diesem Bild oft Verunsicherung, manchmal gar Angst, Anspannung beim intensiven Schauen. Sie sehen einerseits das Lächeln, andererseits auch die Wut und Trauer, das ist irritierend. Wir Psychologen nennen so etwas komplexe Emotionen, das heißt, es zeigen sich in einem bestimmten Gesichtsausdruck mehrere Gefühle gleichzeitig. Der junge Mann hat in der Tat einiges durchmachen müssen und war wegen dieser komplexen Gefühlslage in Psychotherapie. Ich bin ihm ausgesprochen dankbar dafür, dass er den Mut bewiesen hat, sich zu zeigen und damit auch anderen Menschen Kraft zu geben oder sie zu ermutigen, sich in Psychotherapie zu begeben. Das zweite Foto von ihm zeigt ihn deutlich entspannter, eine Erfahrung, die er während der Therapie zunehmend machen konnte.

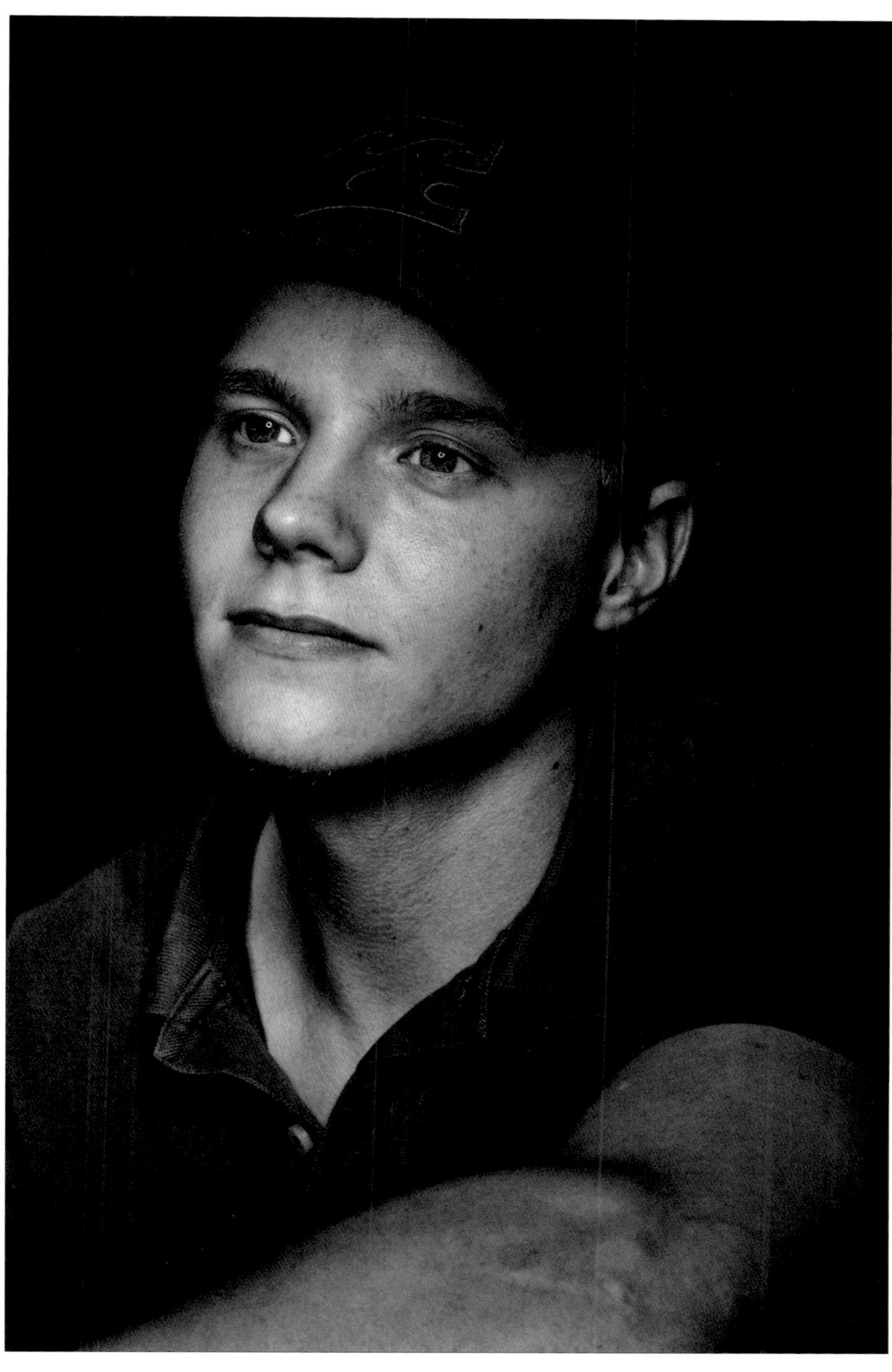

Übung/Tipp: Versuchen Sie in den nächsten Porträtsitzungen einmal ganz gezielt auf spezifische Merkmale Ihres Gegenübers zu achten. Betonen Sie dann erst die linke, anschließend die rechte Gesichtshälfte. Schauen Sie sich Ihre Porträts an: Ist die dargestellte Emotion echt? Strahlt das Porträt eine gewisse Intensität aus? Löst es etwas in Ihnen aus, auch wenn Sie das Porträt betrachten? Fangen Sie am besten mit Ihrem Partner an oder einem guten Freund. Im folgenden Beispiel habe ich das Model ganz bewusst nur im Profil abgelichtet.

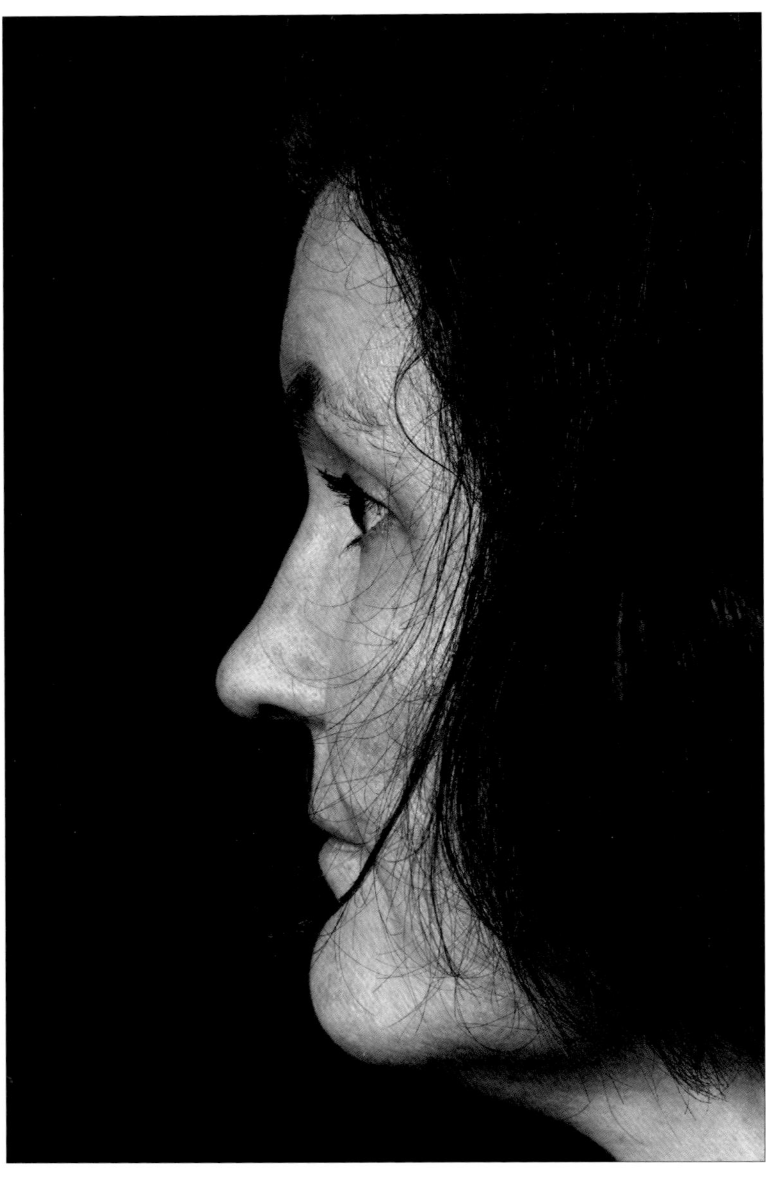

Ohne eine gewisse Sensibilität (Empathie) bleiben dem Fotografen, aber auch dem Betrachter viele Feinheiten verborgen. Sie müssen also *lernen zu sehen*, außerdem sollten Sie sensibler für die oben beschriebenen Feinheiten werden! Hierzu kann es sehr wichtig sein zu lernen, wie man rasch emotionale Zustände bei anderen erkennen kann, auch wenn diese Gefühlszustände eher subtil sind. Die gute Nachricht dabei ist, man kann die Fähigkeit, Emotionen in den Augen anderer abzulesen, durchaus erlernen. Ein Test, den wir Psychologen häufig verwenden, ist der Test »Reading the mind in the eye«. Hier werden verschiedene Gesichter und Emotionsausdrücke gezeigt, wobei nur die Augenpartie zu sehen ist, wie im folgenden Beispiel dargestellt. Dann muss die jeweilige Emotion benannt werden. Erkennen Sie die Emotion?

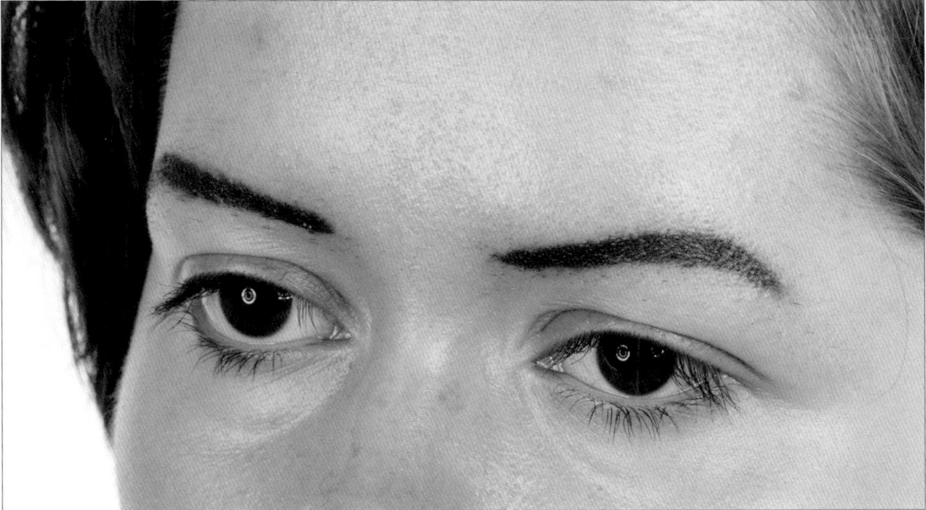

Achten Sie auf die Augen, sie sind das Tor zur emotionalen »Seele« der Person, die Sie fotografieren. Dann konzentrieren Sie sich auf die Körperhaltung des Models. Eine gute **Übung** wäre: Versuchen Sie, Emotionen bei anderen zu entschlüsseln. Das können Sie in langweiligen Sitzungen tun, bei Ihrem Weg zur Arbeit, in der Bahn und natürlich während Sie fotografieren. Diese kleinen Übungen werden Ihnen helfen, die Coachingtechniken, die ich weiter unten beschreibe, besser umzusetzen. Außerdem wird das Ihre Wahrnehmung und Achtsamkeitsprozesse stärken, die wichtig sind, wenn Sie kreative und wahrhafte Porträts erstellen wollen.

Kapitel 3

Coachen des Models: Die Kunst, Vertrauen aufzubauen

Wussten Sie, dass ein guter Paartherapeut bereits nach 30 bis 45 Minuten Gespräch mit einem Paar ziemlich sicher einschätzen kann, ob es eine Chance hat, zusammenzubleiben oder nicht? Wie geht das? Der Therapeut achtet einfach auf das Verhältnis von Kritik, vor allem destruktiver Kritik, und Anerkennung dem Partner gegenüber. Entwertet ein Partner den anderen stark, ohne das zu hinterfragen, schaut ihn dabei kaum an, ist die Partnerschaft meist nicht zu retten. Es existiert sogar eine Formel, die ein optimales Verhältnis von Anerkennung und Kritik beinhaltet: Diese sogenannte Losada-Rate besagt, dass in etwa ein Kritikpunkt von zwei bis drei anerkennenden Sätzen begleitet werden sollte. Die Losada-Rate wurde auch im betriebswirtschaftlichen Kontext getestet. Hierbei zeigte sich, dass erfolgreiche Unternehmen und solche, die sich in den drei Jahren nach der ersten Untersuchung positiv entwickelten, Kommunikationsstrukturen aufweisen, die der Losada-Rate nahekommen. Kritik war immer auch begleitet von Anerkennung, im Verhältnis von etwa eins (Kritik) zu drei (Anerkennung). Viele Unternehmen wurden untersucht und der Zusammenhang zwischen Erfolg und Kommunikationsstrukturen war durchaus deutlich. Was will ich Ihnen also vermitteln? Ganz einfach, speziell in der Porträtfotografie, wie ich sie verstehe, kommt es darauf an, das Model anzunehmen und sie oder ihn positiv zu bestärken. Dabei geht es aber nicht darum, dies nur verbal mit Plattitüden zu tun: »Super, toll, wunderbar ...«, sondern wenn Sie wirklich an das Wesen herankommen wollen, muss es subtiler ausfallen. Ich werde Ihnen einige Kommunikationstechniken beschreiben, die eine entspannte und trotzdem tiefergehende verbale und nonverbale Kommunikation während einer Porträtsitzung ermöglichen. Das geht aber durchaus auch auf der Straße, wenn Sie eine besonders interessante Person sehen, die Sie porträtieren möchten. Die meisten Fotografen machen den Fehler, dass sie zu viel reden, um es dem Model leicht zu machen: Sie reden, fummeln an ihrer Kamera herum, am Licht (sofern sie mit Blitz arbeiten) und reden wieder. Das führt zu einer eher passiven Haltung des Models, das möglicherweise gar abschaltet oder sich langweilt. Die *Intensität des fotografischen Prozesses* leidet natürlich darunter. Intensiv wird es hingegen dann, wenn wenig geredet wird. Die folgenden Techniken zeigen, wie man psychologisch gesehen Vertrauen aufbaut und damit die Grundeinstellung für ein wahrhaftes Porträt vermittelt. So etwas kann auch innerhalb weniger Minuten gelingen.

Zu Beginn ist es wichtig, eine entspannte Atmosphäre herzustellen. Das geschieht erst einmal dadurch, dass Sie selbst *wenig reden* und interessiert zuhören, vereinzelt nicken, Zustimmung äußern und interessiert nachfragen. Sie könnten sich nach dem bisherigen Tag erkundigen und schon ein wenig Biografisches erfragen (Wo kommt das Model her, wie hat es hergefunden usw.). Ich mache es auch häufig so, dass ich, während ich mit dem Model rede, bereits fünf bis zehn Aufnahmen mache, dabei achte ich darauf, wie das Model sich darstellt, welche Haltung eingenommen wird, ob es kooperativ ist oder eher nicht, ängstlich, selbstbewusst wirkt usw. (ich gebe hier also noch gar keine Instruktionen vor). Dann zeige und bespreche ich diese Fotografien direkt. Wenn ich im Studio fotografiere, nutze ich Tethering (übertrage die Bilder also sofort an den Computer). Das erlaubt mir, die Porträts sofort zu zeigen und kurz zu diskutieren. Der erste Eindruck ist oft so: Das Model mag die ersten Fotos nicht. Ich frage dann, was stört, aber ohne es zu kommentieren, so gewinne ich einen Eindruck von dem Selbstbild und der Akzeptanz der Persönlichkeit meines Gegenübers. Danach machen wir weiter. Der erste Schritt zu einer Vertrauensbeziehung ist getan. Dieses Foto ist in den ersten Minuten der Sitzung entstanden. Wie wirkt es auf Sie?

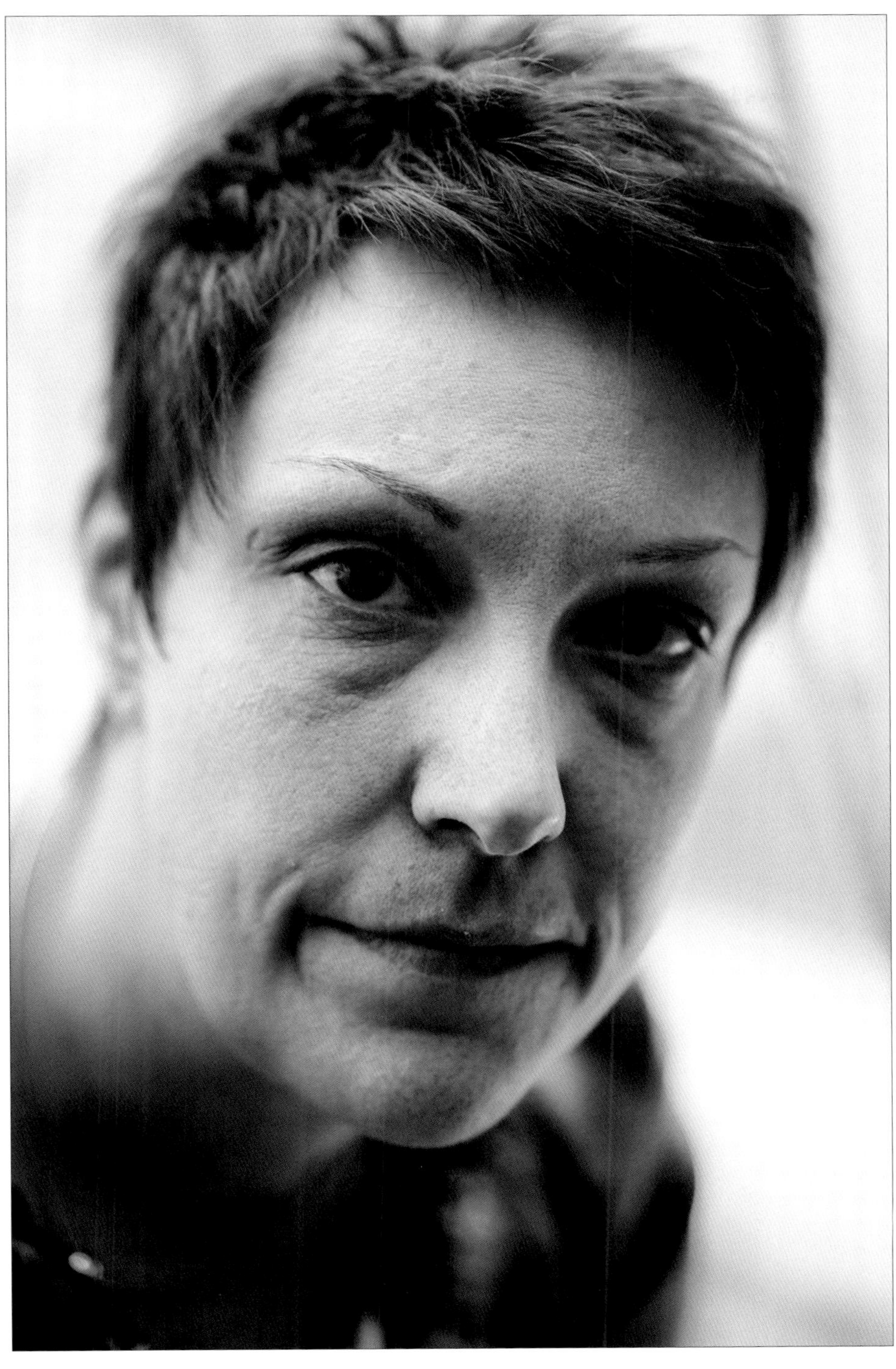

Im weiteren Verlauf ist es wichtig, die Vertrauensbasis zu stärken. Noch immer reden Sie nicht viel, fassen stattdessen das Gesagte zusammen und zeigen dem Model dadurch, dass Sie es verstanden haben. Beispielsweise unterhalten Sie sich über den gestrigen Tag, ein Hobby, Gewohnheiten, oder der Porträtierte berichtet von einem Urlaub. Ihr Handy ist aus, es gibt auch keine Tablets oder anderes, in das Sie hineinstarren! Sie hören zu, beginnen zu fotografieren, Sie nicken, fragen interessiert nach, ein »hmm« reicht ab und zu. Sie schauen das Model dabei immer wieder an. *Der Blickkontakt ist jetzt sehr wichtig*. Warum? Neurobiologische Studien zeigen, dass direkter Blickkontakt in einer nicht aggressiven Situation die Ausschüttung des »Kuschelhormons« Oxytocin befördert. Oxytocin fördert Bindungsverhalten und Vertrauen. Wenn Sie einen Hund als Haustier haben, wissen Sie, was ich meine. Hunde schauen nämlich oft das Herrchen oder Frauchen direkt an, wenn Sie etwas (ja, meist eine Belohnung) erreichen wollen. Das löst bei uns Milde und ein wohliges Gefühl der Freundlichkeit aus. Indirekt befördern wir also Vertrauen, wenn wir jemanden freundlich anschauen, denn Menschen, die nach unten schauen oder den Blickkontakt meiden, sind entweder ängstlich, scheu oder sie haben etwas zu verbergen. Das gilt auch ganz besonders für die Straßenfotografie. Starren Sie nicht, schauen Sie immer wieder direkt in die Augen, aber halten Sie den Blickkontakt nicht zu lange, das kann Angst oder gar Aggression erzeugen. Fassen Sie Gesprochenes kurz zusammen, um zu demonstrieren, dass Sie zuhören; dies geschieht ohne Wertung. Es geht vor allem darum, deutlich zu machen, dass Sie die Person verstehen. Manchmal interveniere ich hier schon ein wenig und bitte das Model, eine Körperhaltung einzunehmen, die das Gefühl wiedergibt, das sie eben beschrieben hat, wie im folgendem Foto. Hier bat ich Frau X, eine Patientin mit Depressionen, mir zu zeigen, wie sich das anfühlt. Es fiel ihr nicht schwer, das zu zeigen. Wichtig hierbei ist jedoch: *Liegen keine Erfahrungen, Erinnerungen an bestimmte Gefühle vor, wird keine authentische Körperhaltung gezeigt.*

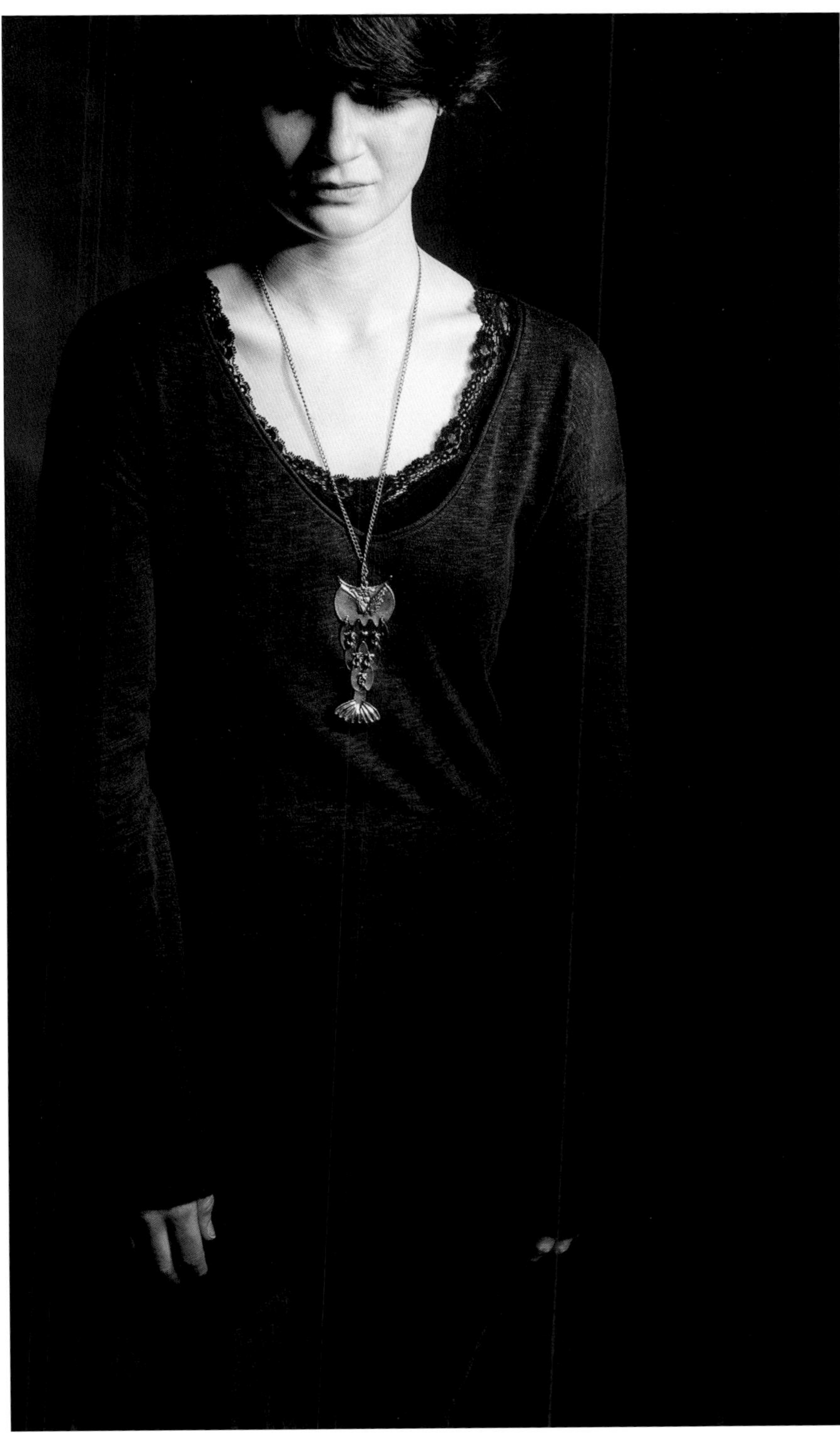

Nun geht es darum, *Emotionen wahrzunehmen, zu spiegeln oder auszulösen*. Richard Avedon, wohl einer der besten Porträtfotografen überhaupt, benutzte verschiedene Techniken zur Erzeugung emotionaler Reaktionen. Bei seinem Porträt der Windsors (»The Duchess and Duke of Windsor«, 1957) erzählte er diesen beispielsweise, dass sein Taxi soeben einen Hund überfahren habe. Dies löste bei beiden eine kurze, aber tiefe Trauerreaktion aus, denn sie liebten Hunde sehr. Avedon wusste das natürlich und konnte so direkt diese Emotionen festhalten. Ihm gelang damit ein ganz intimes Foto. Und auch hier gilt: Schauen Sie sich die Augen an, dort ist alles zu sehen, was man wissen muss. Wichtig hierbei war der persönliche Bezug, der eine wesentliche Seite der Windsors deutlich machte, ihre Traurigkeit und Empathie. Das Bild ist hingegen weder besonders scharf, noch supergut komponiert!

Das Auslösen von Emotionen ist aber nur dann hilfreich, wenn, wie oben bereits angedeutet, man einiges über die porträtierte Person weiß und bereits eine Vertrauensbeziehung besteht. Dabei geht es dann aber nicht darum, das Model zu bitten, sich an etwas zu erinnern oder ein bestimmtes Gefühl zu zeigen, sondern die Emotionen werden subtil im Gespräch hergestellt, indem man beispielsweise ganz nebenbei auf ein schwieriges Thema zu sprechen kommt (Eltern, Partner, Kindheitserfahrungen, Verluste, Arbeit), während man behutsam weiterfotografiert. Hat man einen relevanten Ausdruck, bittet man das Model innezuhalten. Dann muss es schnell gehen und dazu benötigt man das fotografische Wissen, vor allem aber die absolute Kenntnis der Kamera. Das spricht übrigens auch dafür, über mehrere Jahre dieselbe Kamera und dasselbe Objektiv zu nutzen. *Hier gilt die Regel, dass die perfekte Beherrschung und Ausnutzung aller Möglichkeiten einer Kamera und eines Objektivs viel wichtiger sind als die »neuste« Technik,* die zumal oft nur darauf ausgerichtet ist, uns noch mehr von der Fotografie abzulenken.

Menschen mit geringer Selbstakzeptanz haben oft Angst, dass sie dem Fotografen nicht gerecht werden. Sie versuchen sich deshalb von der besten Seite zu zeigen. Die Porträts wirken dann unecht, oft verkrampft. Ein Beispiel: In meinem Projekt »Therapie wirkt«, das ich bereits erwähnt habe, arbeitete ich mit einer Patientin mit sozialen Ängsten. Solche Menschen möchten negative Bewertungen um jeden Preis vermeiden. Also lächelte sie mich an, sie wollte freundlich wirken und alles richtig machen. Ich zeigte erst einmal Verständnis, ohne jedoch irgendetwas zu bewerten, was sie sagte, als sie mir von ihren Prüfungsängsten berichtete. Das Lächeln blieb wie ein Schutzpanzer. Ich sagte schließlich: Man sieht Ihnen die Angst gar nicht an. Das Lächeln blieb. Schließlich sprach ich ein erwartetes Gefühl an: »Ärgert es Sie nicht, dass Sie immer wieder Angst haben und diese Ihr Leben so einengt? Gibt es etwas, das Sie jetzt tun wollen, um Ihrer Angst zu begegnen?«

Das bewirkte eine Änderung, sie wurde ernst und wir einigten uns darauf, dass sie ein Bild mit dem Wort PERFEKTIONISMUS zerreißen würde und ich sie dabei fotografierte. Dabei lächelte sie natürlich, aber diesmal war das Lächeln echt, es machte ihr Spaß, ihren Perfektionismus »auseinanderzunehmen«. Das kam dem Eigentlichen schon deutlich näher.

All dies zeigt aber auch, dass der Mythos, man könne innerhalb von wenigen Minuten die Seele eines Menschen fotografisch einfangen, eben ein Mythos ist. Es wird immer nur eine bestimmte Seite, Eigenschaft, ein Wesenszug deutlich; oft ist es derjenige, der dem Fotografen selbst am meisten vertraut ist. Der bekannte Porträtfotograf Martin Schoeller drückt das in einem Interview[6] so aus:

> *»Alle Fotos lügen. Ein Foto ist nur der Bruchteil einer Sekunde. Einer Sekunde, die vom Fotografen frei gewählt worden ist. Von einem Menschen also, der den anderen Menschen eigentlich gar nicht kennt. Ein Porträt hat mit der Person, die es zeigt, nicht viel gemein. Doch in diesem Spektrum der unehrlichen Bilder gibt es bessere und schlechtere. Es gibt Porträts, die einer Person nahekommen und Porträts, die dies nicht tun.«*

Ich würde dem teilweise zustimmen, Schoeller beschreibt eben das übliche Geschäft, in dem oft wenig Zeit ist und man »kreative« Fotografien erstellen muss, ohne viel über die fotografierte Person zu wissen. Dennoch hat gerade Schoeller einige sehr intensive Porträts hergestellt, mir gefallen hierbei seine »einfachen, ehrlicheren« am besten. Das haben Sie sicher auch nicht anders erwartet.

Natürlich sollten Sie nicht vergessen, das Model zu coachen. Hiermit ist gemeint, dass Sie loben, ermuntern, Mut machen, schützen, wenn es sein muss. Sagen Sie dem Model, dass Sie gern mit ihm arbeiten, loben Sie es, wenn es anfängt, »sich zu zeigen«, erläutern Sie, was Sie selbst gerade tun, und schaffen Sie eine entspannte Arbeitsbeziehung. Bleiben Sie in diesem Modus: Bestärken und ermuntern Sie, *aber ohne zu kommentieren und zu bewerten und ohne Aktionismus und zu viel Rederei*. Verstärken Sie auch nur das, was Sie »sehen« möchten, und bleiben Sie eher zurückhaltend, wenn das Model sich »versteckt«.

Mit den hier beschriebenen Techniken schaffen Sie die Grundlage für ein Porträt, das über einen Schnappschuss hinausgeht. Dabei müssen Sie nicht stundenlang fotografieren. Je geübter Sie sind, desto schneller können Sie eine Vertrauensbeziehung herstellen. Außerdem erkennen Sie Mimik, Gestik, Körperhaltung und Wesenszüge schneller und können sich besser empathisch einfühlen. Das führt dann irgendwann dazu, dass Sie diese Techniken intuitiv anwenden können. Dann reichen manchmal vielleicht sogar zehn Minuten, um zum Kern vorzustoßen. Oft führt diese Art der Kommunikation auch dazu, dass Sie plötzlich ganz genau wissen, wie Sie die Person darstellen möchten. Und es passiert etwas Magisches: Sie finden die Person schön, die Sie fotografieren, es entsteht eine tiefe Verbindung zwischen Ihnen beiden. Schon allein das ist ein zutiefst befriedigendes Erlebnis. Kommt nun noch ein gutes Porträt zustande, ist alles perfekt.

Übung/Tipp: Beginnen Sie doch mit Ihrem Partner/Ihrer Partnerin. Fotografieren Sie ihn/sie ohne künstliches Licht. Fangen Sie ein, was Sie an ihm/ihr lieben! Vielleicht wird Ihnen das sogar erst beim Fotografieren wieder deutlich? Fokussieren Sie alltägliche Situationen. Machen Sie daraus ein Vier-Wochen-Projekt. Wählen Sie dann die zehn besten Fotografien aus. Diskutieren Sie diese mit dem Partner. Die folgenden drei Fotografien zeigen Porträts meiner Frau, wie ich sie sehe und liebe. Meine Frau ist heute 48 Jahre alt, noch immer schön, erste Lebenszeichen haben sich ins Gesicht gezeichnet, sie unterstreichen jedoch die Persönlichkeit meiner Frau mehr, als dass sie stören würden. Ich habe hier versucht, drei wesentliche Charaktereigenschaften und Stimmungen meiner Frau einzufangen.

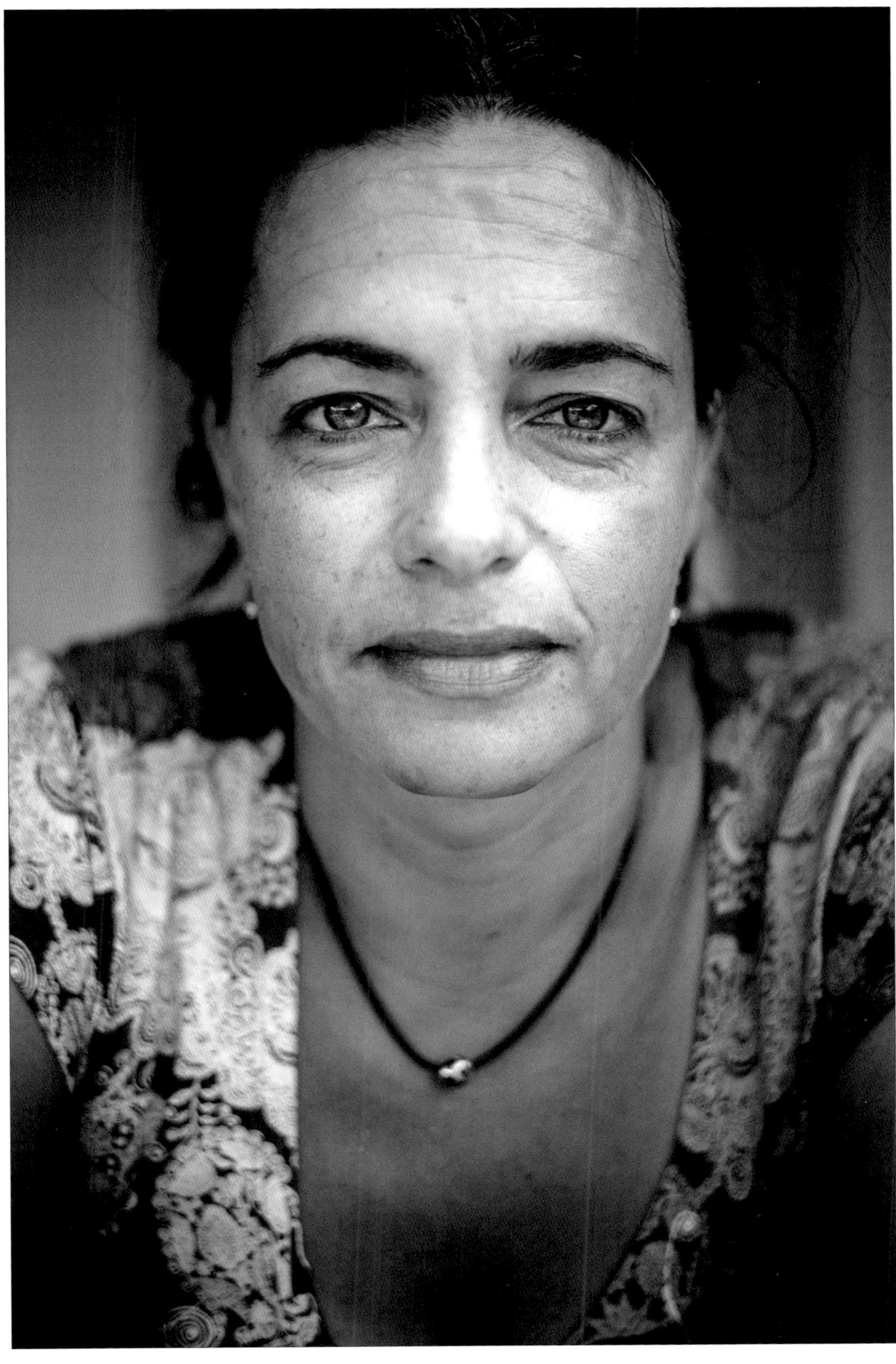

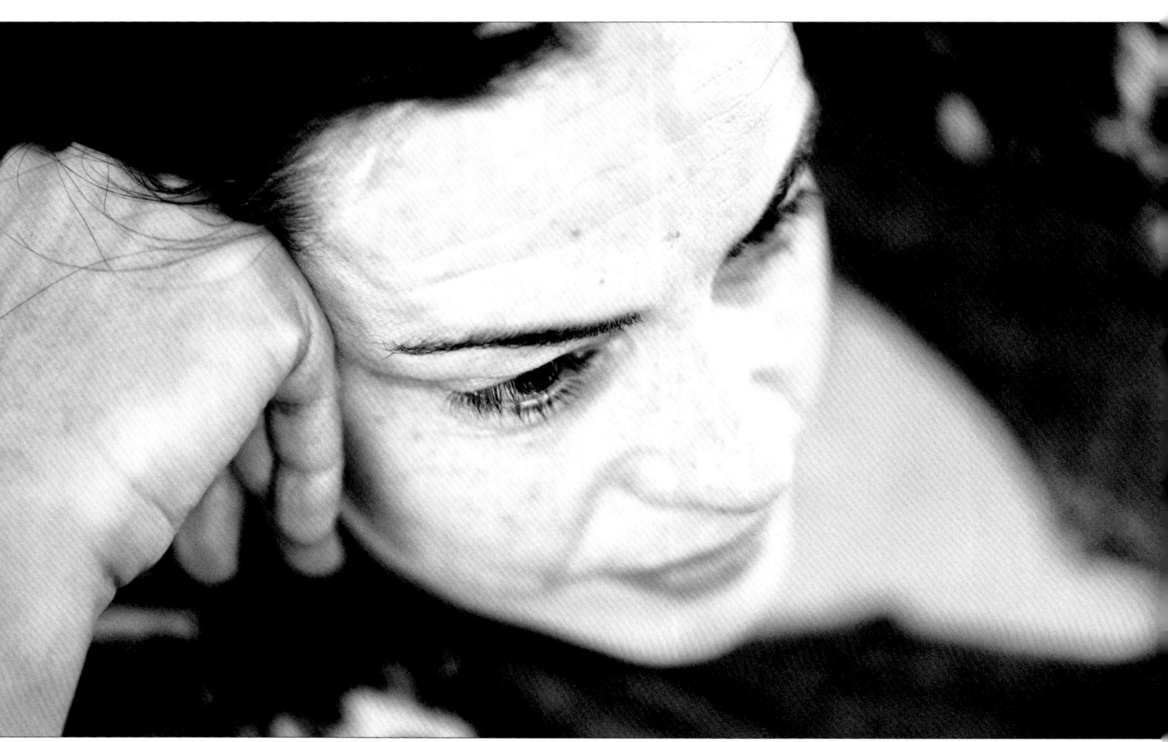

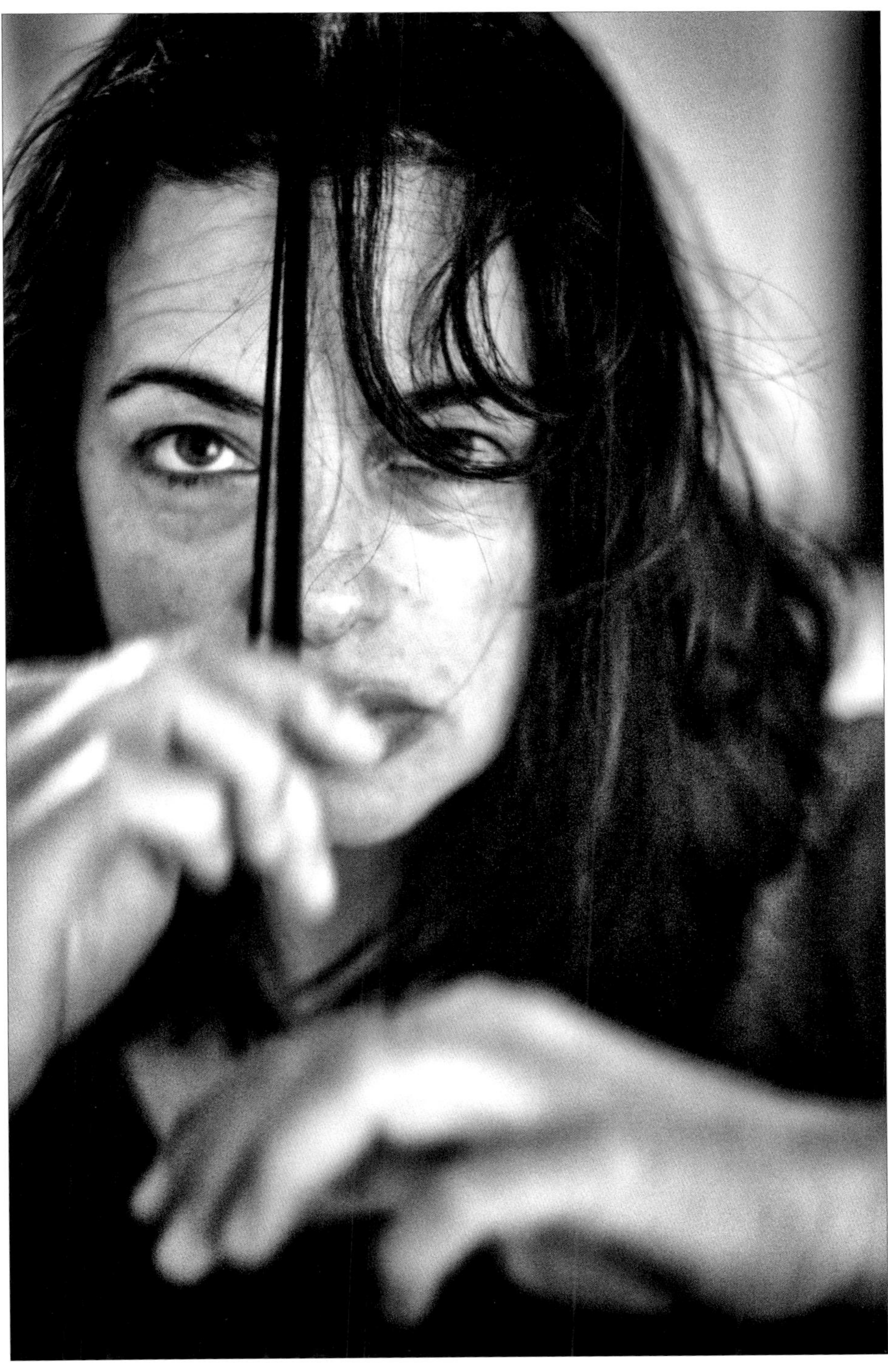

Um das Ganze zu vertiefen: Die nächste Sequenz ist einer meiner Porträtsitzungen entnommen inklusive der dazugehörenden Fotografien. Eine durchaus attraktive Klientin findet die ersten Aufnahmen, die ich ihr von sich zeige, »schrecklich«, obwohl das Foto aus meiner Sicht durchaus gelungen war. Sie konnte mir genau zeigen, was sie nicht mochte: Die rechte Gesichtshälfte war aus ihrer Sicht zu kräftig dargestellt. Sie mochte ihre Wangen nicht (wie bereits beschrieben, ist es ein Vorteil, wenn man mit Tethering arbeitet: Sie können die Fotos sofort anschauen und diskutieren). Natürlich hätte ich jetzt das Licht so ändern können, dass mehr Konturen entstehen und es schmaler wirkt, zum Beispiel, indem ich den Blitz vom Model etwas wegdrehe, eine größere Softbox auswähle oder das Licht frontaler setze (Tipps zum Arbeiten mit einer Lichtquelle finden Sie im Buch »Just One Flash!« von Tilo Gockel[7]). Aber das wäre aus meiner Sicht zu einfach gewesen. Stattdessen erschien es mir wichtig, erst einmal Vertrauen herzustellen. Ich versuchte also, die Klientin zu verstehen, indem ich zuhörte, sie ernstnahm und dezent nachfragte, warum sie das Bild nicht mochte. Es ging dabei nur darum, Verständnis zu zeigen, ohne jedoch zu bewerten, zu kommentieren oder gar Ratschläge zu erteilen oder meine Meinung zum Foto kundzutun. Ich nahm es also erst einmal hin, dass das Foto möglicherweise eine negative Emotion auslöst.

Anschließend habe ich ihre Argumente abgemildert wiederholt (zusammenfassen, deutlich machen, dass man verstanden hat). Unter anderem sagte ich: »Sie mögen also speziell Ihre rechte Gesichtshälfte nicht so, weil Sie diese zu ›voll‹ finden. Okay, lassen Sie uns weitermachen.« Schließlich fokussierte ich auf die Emotion, die hier eher negativ war, ohne diese jedoch zu bewerten oder zu kommentieren, zum Beispiel: »Können wir gemeinsam versuchen, Ihr Gefühl, das dieses Foto ausgelöst hat, einmal darzustellen, um es dann weiter zu verändern?«

Natürlich habe ich auch gecoacht: Jetzt war ich ganz bei ihr. Wann immer sie sich zeigte, ermutigte und lobte ich sie, aber dezent, um Ablenkung zu vermeiden. Ich begann zu erläutern, warum ich was tue, wie zum Beispiel das Licht zu verstellen. Jetzt begann das wirkliche Arbeiten. Subtile Änderungen der Mimik, wie leichtes Absenken des Kinns oder eine Drehung des Kopfes, wurden gecoacht (»Gut, so bleiben«) oder nonverbal gespiegelt (siehe unten). Dieses Vorgehen erlaubte es mir, tiefer an das eigentliche Wesen heranzukommen. Der Augenkontakt wurde intensiver, wir redeten kaum noch, weil das nicht mehr nötig war. Die Intensität war hoch, in der Regel entstehen jetzt die besten Bilder. Die Technik, Erfahrung und das Wissen müssen natürlich vorhanden sein, um diesen Augenblick fotografisch korrekt einzufangen. Deshalb sind vereinzelte Technikübungen, aber vor allem das absolute Beherrschen der Kamera, wie bereits angedeutet, wichtig.

Sie sollten wissen, wo Sie was wann einstellen müssen. Zum Abschluss mache ich immer ein Foto, das dem Model gefällt. In diesem Fall habe ich dann ganz auf den Blitz verzichtet und einfach nur das von oben einfallende Licht genutzt. Das Porträt wurde mit einer Leica Monochrom mit einem Makro-Objektiv mit 90 mm Brennweite bei Blende 4 fotografiert. Ich mag es von allen Fotos von ihr am meisten, obwohl (oder gerade?) weil es nicht perfekt ist. Ein großer Ausdruck dieses Porträts hängt direkt neben meinem Schreibtisch, und immer wenn ich es mir anschaue, sehe ich etwas Neues, eine emotionale Intensität, die einfach unglaublich ist! Dies spricht übrigens auch dafür, gute Fotografien unbedingt auszudrucken und sich diese immer wieder einmal anzuschauen.

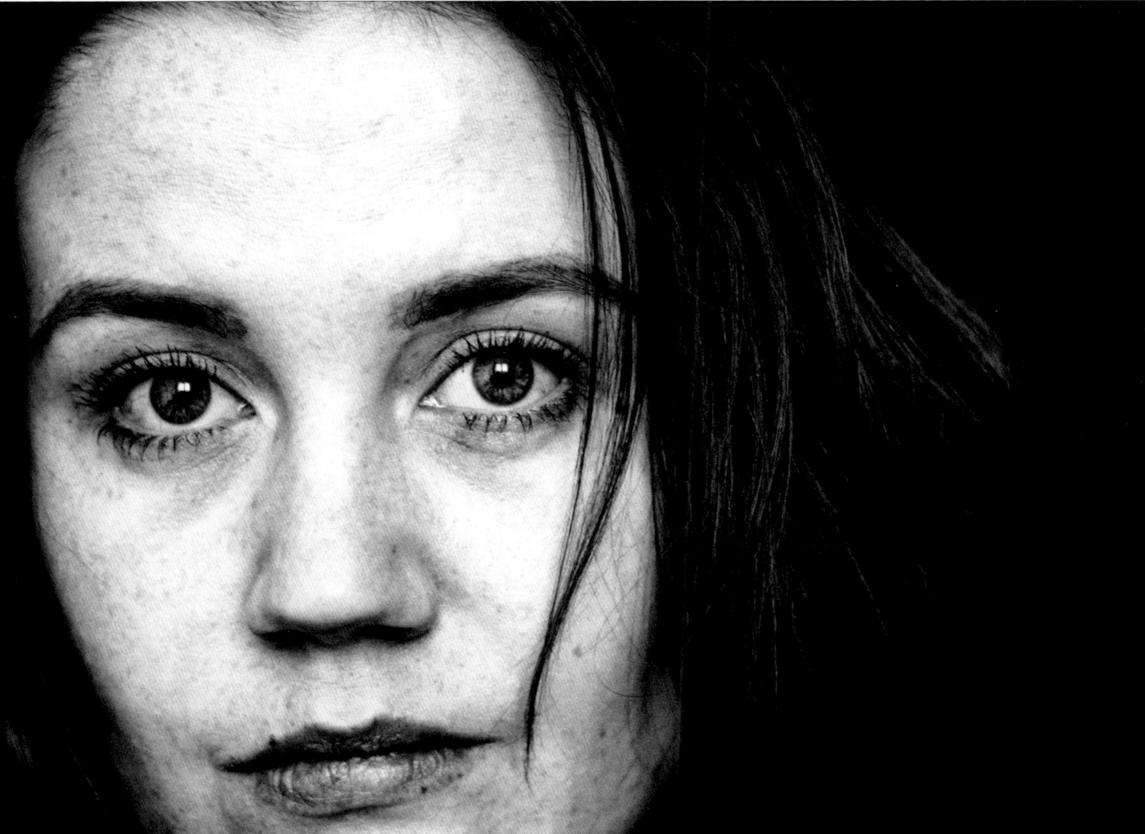

Kapitel 4

Körpertechniken: Welche Bedeutung hat die Körperhaltung des Models?

Innerhalb der ersten Sekunden entscheidet sich, ob Sie eine Person mögen oder nicht. Dabei hat die jeweilige Person möglicherweise noch kein einziges Wort geredet. Ergebnisse einiger Studien zeigen beispielsweise, dass Menschen sich innerhalb der ersten fünf Sekunden ein ziemlich genaues Bild über eine ihnen unbekannte Person machen, auch wenn sie nur Zeuge waren, wie diese Person einen Raum betritt, ohne dass dabei geredet wurde. Selbst Eigenschaften wie Selbstbewusstsein, Freundlichkeit, Verträglichkeit oder Offenheit wurden ziemlich korrekt bewertet (immer im Vergleich zu den eigenen Bewertungen und Angaben guter Freunde der gezeigten Person). Es ist also ganz entscheidend, dass Sie von Beginn an Ihre eigene Körpersprache einsetzen, um den fotografischen Prozess zu steuern und Vertrauen herzustellen. In meinen Therapiesitzungen bitte ich beispielsweise Patienten manchmal, sich aufrecht hinzusetzen, den Kopf geradezuhalten und die Beine auf dem Boden aufzusetzen (sich zu erden) oder auch mich direkt anzuschauen. Diese Haltung allein kann schon dabei helfen, ein Stimmungstief abzuschwächen, und bewirkt, dass die Patienten sich selbstbewusster fühlen. Wir Psychologen nennen das Embodiment. Damit ist gemeint, dass Gefühle sich eben auch über körperliche Haltungen äußern und verändern lassen. Dies kann man auch sehr gut für die Fotografie nutzen. Sind die Augen nach unten gerichtet, entsteht Unsicherheit und der Gesprächspartner ist oft irritiert. Nach oben gerichtete Augen bewirken eine größere Offenheit und Dominanz, es kommt zum Austausch, und Blickkontakt wird möglich. Ebenso ist es mit dem Kinn, ein leichtes Absenken macht uns fragiler, verletzlicher. Der Stirnrunzler lässt uns, wenn er aktiv ist, grüblerisch aussehen oder gar zornig. Die sogenannte Cowboyhaltung drückt sich durch leicht nach oben gezogene Schultern aus, sodass man die »Waffe« gleich aus dem Halfter ziehen könnte. Dies dokumentiert also Anspannung. Manche Menschen haben fast immer nach oben gezogene Schultern. Andere weisen eine vorgebeugte Haltung auf, als hätten sie eine große Last zu tragen. Nun einmal ehrlich: Fallen Ihnen solche Haltungen und Details auf, wenn Sie ein Porträt anfertigen? Bemerken Sie solche Feinheiten? Es wäre doch gut, diese mit ins Bild und zwar ganz bewusst aufzunehmen, wenn Sie das Wesen der porträtierten Person zeigen wollen, oder? *Sie können jedoch nur bewusst gestalten und fotografieren, was sie auch wahrnehmen.*

Natürlich existieren auch Regeln, welche Körperhaltungen besonders gut wirken. Diese Haltungen wurden schon vor Hunderten von Jahren von Malern entdeckt und eingesetzt. Eine feminine Haltung beinhaltet, dass die dem Fotografen zugewandte Schulter leicht nach vorn gebeugt, das Gesicht nie frontal aufgenommen wird, die abgewandte Schulter steht höher als die andere und die Haltung der Arme und Hände spiegelt dies wider, indem beispielsweise die linke Hand tiefer liegt als die rechte, um sich der Körperdiagonale anzupassen. Diese und andere Haltungen werden in einem Video dargestellt, das sich unter diesem Link anschauen lässt: *http://youtu.be/DxPkxS_ezVg*. Empfehlenswert ist weiterhin Roberto Valenzuelas Buch zum »Posing mit System«.[8]

Natürlich ist es gut, diese Regeln zu kennen, allerdings setze ich das so direkt selten ein. Ich lasse mich hier eher von meiner Intuition leiten, speziell in dem Video hat mir persönlich, so überzeugend das auch dargestellt ist, kein Porträt wirklich gefallen. Das mag natürlich auch daran gelegen haben, dass es sich um ein Lehrvideo handelte, in dem es zu keiner wirklich intimen Vertrauensbeziehung zwischen Fotograf und Model kam. Diese Art von »Shooting« findet sich immer wieder in Fernsehserien wie u. a. Heidi Klums Germany's Next Topmodel. Dort wird ungewollt das Absurde der Fashion-Fotografie vorgeführt, um die einzelnen Personen geht es dabei natürlich nicht.

Doch zurück zu den Körperhaltungen: Inzwischen liegen eine Vielzahl wissenschaftlicher Studien vor, die belegen, dass sich die Körperhaltung stark auf unser Stresssystem auswirkt. So konnte Amy Cuddy[9], Psychologin an der Harvard Business School, zeigen, dass sogenannte Powerhaltungen, wie beispielsweise mit den Armen nach oben ausgestreckt stehend, wobei die Hände zur Faust geballt sind, das Stresshormon Kortisol um bis zu 40 Prozent absenkt, wenn diese Haltung mindestens für zwei Minuten beibehalten wird. Man kann so etwas auch einsetzen, um ein Model zu entspannen. Körperhaltungen sind also wichtig, wir kommunizieren unsere Stimmung ständig über den Körper. Warum also dies nicht für die Porträtfotografie nutzen? Dabei ist es nicht nur so, dass die Körpersprache meist unbewusst erfolgt, sondern auch habituell (also eine dauerhaftes Wesensmerkmal) ist und damit viel über den Menschen aussagt, den wir fotografieren. Zudem neigen Personen dazu, unbewusst auf die Körpersprache des Gesprächspartners zu reagieren. Dominanz löst entweder Gesten der Beschwichtigung und Unterwerfung oder aber eine aggressive Körperhaltung aus. Auch ist es beispielsweise ein großer Unterschied, ob das Model sitzt oder steht. Eine sitzende Haltung schützt, verleiht mehr Sicherheit, eine stehende Position kann erst einmal Irritation auslösen, man fühlt sich ungeschützter, und das lässt sich beispielsweise nutzen, wenn man diese Seite (eventuell eine Neigung zur Unsicherheit) einer Person darstellen möchte. Auch die Körperhaltung des Fotografen ist entscheidend: Die erfolgreichsten Straßenfotografen berichten immer wieder, wie es ihnen gelingt, »sich unsichtbar zu machen«, um nicht aufzufallen und auf die Szene direkt einzuwirken. Henry Cartier-Bresson war absoluter Meister darin, sich an seine Umgebung anzupassen. Eine entspannte Körperhaltung und Mimik sind hierfür ganz entscheidend. Wirken Sie selbst angespannt, hektisch, unruhig usw., fallen Sie sofort auf, denn solche Signale nehmen andere meist als potenzielle Gefahr wahr.

Die wichtigste Körpertechnik, die vor allem Porträtfotografen für sich nutzen sollten, um Vertrauen aufzubauen oder aber auch Emotionen auszulösen, ist das Spiegeln (Mirroring). Ähnlich wie bei den verbalen Techniken versteht man unter Mirroring, dass ein Gesprächspartner den Bewegungen oder Gesten des anderen bewusst oder unbewusst folgt. Ein Beispiel: Wenn Sie lächeln, erwarten Sie ein Lächeln zurück. Es kann sehr irritierend sein, wenn dieses dann nicht erfolgt (aber auch das kann man nutzen, um Emotionen zu erzeugen, indem man sich konträr zur Erwartung verhält). Mirroring geht auch andersherum, Sie können das ganz bewusst einsetzen, um die Haltung des Models zu steuern. Typischerweise wird der Fotograf beginnen, eine bestimmte Bewegung zu machen oder Haltung einzunehmen. Er hebt beispielsweise moderat das Kinn, beugt den Oberkörper etwas nach vorn oder schaut ernst. Unbewusst wird nun auch das Model die Körperhaltung subtil ändern, aber eben je nach Wesen vorsichtig oder deutlich. Sensible Models reagieren meist sofort auf diese Körpersprache, sie *erahnen nämlich unbewusst,* was der Fotograf abbilden möchte. Bei meiner Arbeit mit den Borderline-Patienten (siehe *https://lfi-online.de/ceemes/de/blog/*), die oft sehr sensibel sind, ist das fast magisch.

Übung/Tipp: Achten Sie ganz bewusst auf Körperhaltungen und wenden Sie selbst das Mirroring an. Erzeugen Sie so Stimmungen oder machen Sie Wesenszüge des Porträtierten deutlich. Stellen Sie sich folgende Fragen: Wie ist die Haltung des Models? Wie reagiert das Model auf subtile Veränderungen meiner Körperhaltung?

Gewöhnen Sie sich speziell zu Beginn der Sitzung an, eine Vertrauenshaltung einzunehmen. Nehmen Sie also selbst nicht zu viel Raum ein, die Schultern sind entspannt, lächeln Sie. Wenn Vertrauen aufgebaut ist, können Sie über das Spiegeln ganz bewusst Körperhaltungen auslösen, verstärken oder abschwächen. Und noch eines: »Reden ist Silber, Schweigen ist Gold.« Manche Profis beginnen sehr schnell, spezifische Anweisungen zu geben, weil sie wissen, dass eine gewisse Körperhaltung besser wirkt. Aber dann geht es nicht darum, das Wesen des Porträtierten zu zeigen, sondern es soll ein »tolles Foto« gemacht werden. Beim Spiegeln geht es jedoch eher darum, das Zusammenspiel zwischen Fotograf und Model zu verfeinern mit dem Ziel, Persönlichkeit und Wesenszüge zu verstehen und darzustellen. Das bewirkt, dass die fotografierte Person ihrem eigenen Rhythmus folgt und wir ein »ehrlicheres« Porträt erzielen. Im folgendem Beispiel ist dargestellt, was ich meine: Wie wirkt das Foto auf Sie? Warum? Welches Gefühl löst es bei Ihnen aus? Das Bild wurde von meiner Studentin und Assisten-

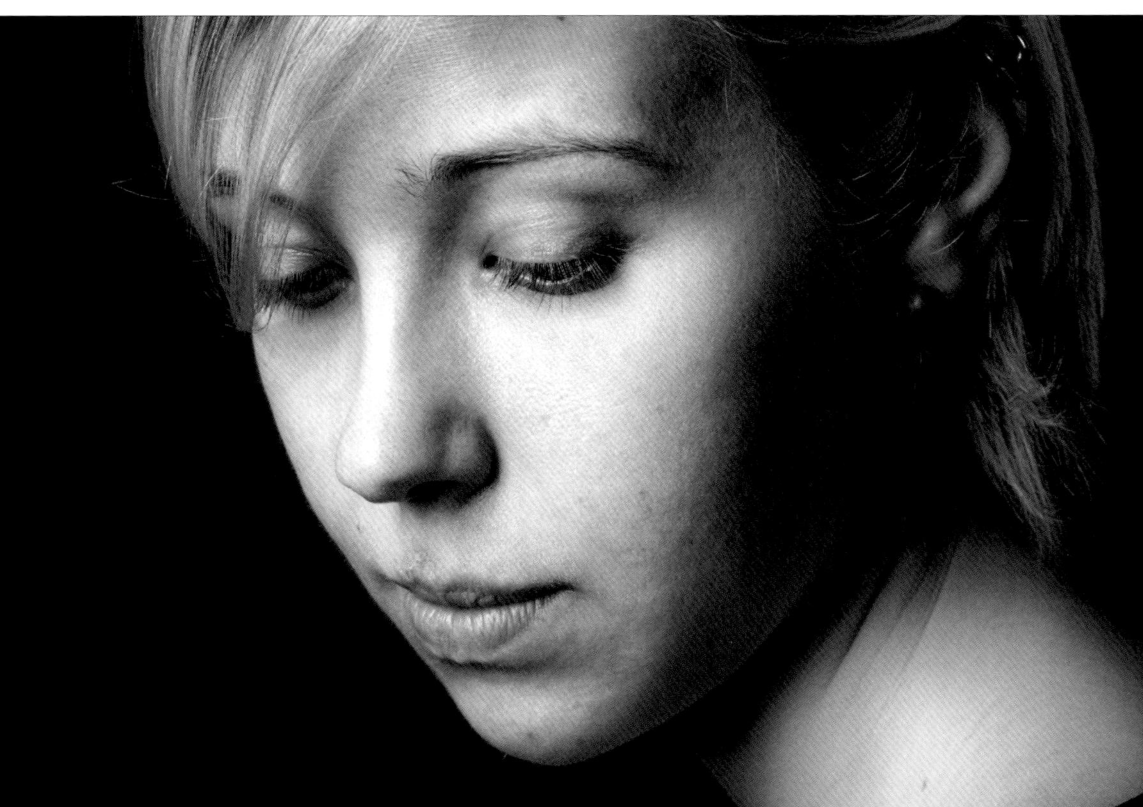

tin Julia Geller aufgenommen. Sie verstärkte in diesem Prozess die sowieso schon sehr zurückgenommene, introvertierte Körperhaltung des Models.

Ein weiteres Beispiel soll die Arbeit mit Körperhaltungen demonstrieren: Im bereits erwähnten Buch von Gregory Heisler[1] beschreibt dieser eine Szene, in der er den damaligen Präsidenten der USA George Bush fotografiert. Er wandte hierbei eher subtiles Spiegeln an. Bush reagierte nicht auf die Hinweise des Fotografen, was eine Menge über die Achtsamkeit und Persönlichkeit von ihm aussagt.

»Most frequently, though, I simply adopt the expression or pose I'm looking for; usually, they'll give it back to me in a process called ›mirroring‹. I cross my arms, they cross their arms; I cock my head, they cock theirs. When they seem to be stiffening up and I want them to relax, I'll take a deep breath and they invariably take one, too. It just works. With the president, it wasn't so easy; he's a busy guy. He was standing stiffly in the »man-pose,« hands clasped firmly in front of his crotch. Not unusual, but not pretty, either. So I leaned on a chair; he did not. Then I put my hand in my pants pocket. No response. I took a deep breath to get him to relax. Nothing happened. Finally, I just asked if he could place his hand in his pocket and lean on the chair. He gave me a perplexed, somewhat frustrated look, as if I were asking him to rub his stomach ...«

Ich sage voraus, dass es Sie zufriedener macht und Sie ehrlichere Porträts erstellen, dadurch, dass Sie Stimme und Körper bewusst einsetzen. Vertrauen Sie auf Ihre Intuition. Schauen Sie sich die Arbeiten der »Großen« an, wie Henri Cartier-Bresson, Irving Penn, Richard Avedon, Man Ray, Dorothea Lange, Lee Miller, Robert Capa, Walker Evans, Andre Kertesz, Dora Maar, Edward Steichen oder Walter Schels.

Walter Schels, ein bekannter Porträtfotograf, der unter anderem den Dalai Lama, die Bundeskanzler Schröder und Merkel und viele andere Persönlichkeiten porträtiert und viele Dokumentationen für den Stern und den SPIEGEL erstellt hat und den ich persönlich sehr schätze, schildert den Prozess der Gestaltung einer Porträtsitzung im folgenden Interview sehr anschaulich und dokumentiert das bisher Gesagte mit seinen Bildern. Ein Workshop mit ihm hat mich überhaupt dazu angeregt, dieses Buch zu schreiben.

Interview mit Walter Schels

Walter Schels, geboren 1936 in Landshut, Bayern, arbeitete als Schaufensterdekorateur in Barcelona, Kanada und Genf. 1966 ging er nach New York, um Fotograf zu werden.

1970 kehrte er nach Deutschland zurück und arbeitete für Illustrierte, Modemagazine und in der Werbung. Bekannt wurde Walter Schels mit seinen Charakterstudien von Künstlern und Politikern, von Prominenten der Kultur- und Geisteswelt. Mit der gleichen Intensität porträtiert er seit vielen Jahren Tiere.

Ab 1975 fotografierte Schels über viele Jahre für die Zeitschrift »Eltern« Reportagen über Geburten. Seit er die wenige Augenblicke alten Kinder porträtierte, hat ihn die Beschäftigung mit Gesichtern von Menschen und Tieren nicht mehr losgelassen. Seitdem widmet sich Walter Schels ganz besonders dem Beobachten von Extremsituationen der menschlichen Existenz.

Für seine Serie, die Hospizpatienten kurze Zeit vor und unmittelbar nach deren Tod zeigt, erhielt er zahlreiche Auszeichnungen, u. a. den »Hansel-Mieth-Preis« für engagierte Reportagen, eine Goldmedaille des Art Directors Club für Deutschland, einen »Lead Award« der Akademie für neue Bildsprache und einen »World Press Photo«-Award.

Schels lebt und arbeitet seit 1990 in Hamburg. Er ist dort Mitglied der Freien Akademie der Künste. Das Interview wurde in Hamburg in seinem Studio aufgenommen und nur stilistisch etwas überarbeitet.

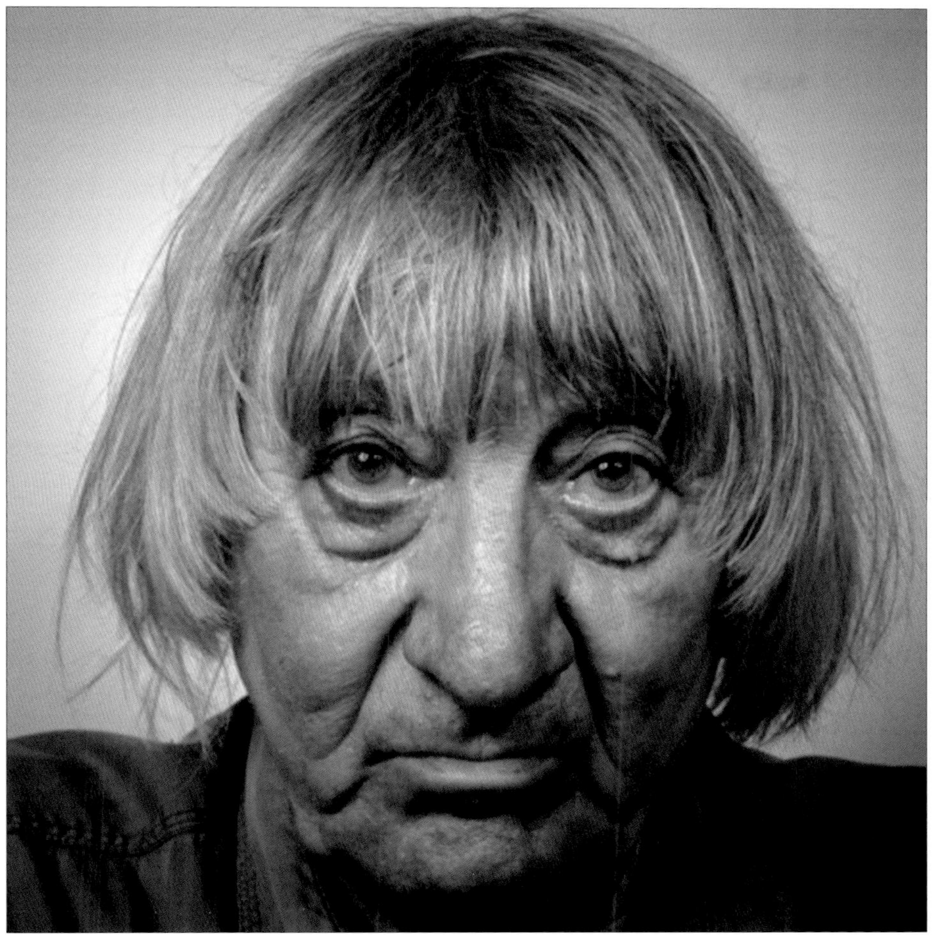

Wie bist du an die Fotografie gekommen?

Angefangen habe ich mit einer Box-Kamera. Ich bin ein Kriegskind, Jahrgang 1936. In meiner Kindheit hatte so gut wie niemand eine Kamera, aber mein großer Bruder, der war 14 Jahre älter, der hatte eine. Er war Soldat im Krieg. Wenn er Urlaub von der Front hatte, kam er nach Hause und fotografierte.

Jahre später, ich war schon Lehrling als Schaufensterdekorateur, habe ich ihn gebeten, mir seine Kamera für kurze Zeit zu leihen. Ich kann mich noch gut erinnern: Sie in der Hand halten zu dürfen – das war für mich wie eine Monstranz. Viele Aufnahmen konnte ich nicht machen, es war ja sein kostbarer Film, den ich verbrauchte. Aber ich war so begeistert, dass ich mir eine eigene Kamera kaufen wollte.

Im Schaufenster eines Geschäfts lag eine gebrauchte Kamera für 50 D-Mark. Das war für mich damals mehr als ich im Monat als Dekorateur verdiente. Der Verkäufer war ein guter Verkäufer. Er sagte, ich solle mir doch lieber gleich etwas Anständiges kaufen. Er hat mir eine Leica vorgeführt, auf einem rotem Samttuch, man traute sich fast gar nicht, sie anzufassen. Die Kamera habe ich heute noch. So ging es los. Seit dieser Zeit entwickle ich auch meine Filme selbst und vergrößere meine Negative.

Ich hatte dir erzählt, dass es im Buch um die »Psychologie der Fotografie« geht. Was fällt dir spontan dazu ein?

Was immer man unter Psyche versteht: Der Mensch ist ein Wesen aus Körper, Geist und Seele. Wobei die Seele mehr das Unbewusste ausdrückt. Im Gesicht zeigen sich Körper, Geist und Seele gleichzeitig, wobei der Körper die Form gibt und die Seele die Empfindung.

So ist es.

In der Porträtfotografie nimmt die Psychologie für mich eine große Rolle ein. Was auch immer ich fotografiere – ob Pflanzen, Stillleben, Architektur oder Menschen –, ich muss mich damit beschäftigen, sonst brauche ich es gar nicht erst zu fotografieren. Wenn ich Menschen fotografiere, will ich natürlich wissen, wen ich fotografiere.

Das Problem ist: Wenn man Porträts fotografiert, ganz egal ob für Geld oder nicht, möchte man für seine Arbeit gelobt werden. Und derjenige, den ich fotografiere, dem soll es ja gefallen. Das verleitet dazu, gefällig zu fotografieren, schöne Fotos zu machen. Davon wegzukommen, ist ein langer Prozess. Im Laufe der Zeit kommt man dem Wesentlichen näher. Heute geht es mir darum, den Menschen so zu fotografieren, wie ich ihn sehe. Ganz ohne Effekte. Natürlich haben solche Porträts auf uns eine ganz andere Wirkung. Jedes Gesicht ist ein kleines Universum ... In Wirklichkeit ist es ein großes Universum (lacht).

Ich habe viele Geburten fotografiert. Es war für mich eine Entdeckung, dass Neugeborene keineswegs ein »leeres« Gesicht haben. Sie kommen alt und verrunzelt auf die Welt, aber binnen weniger Stunden verwandelt sich dieses alte, wissende Ur-Gesicht in ein süßes, glattes Baby. Eine dicke, feste Nase zum Beispiel wird zur Stupsnase. Man kann sagen: Das Original verflüchtigt sich wie ein Traum. So ist das mit dem Ur-Gesicht: Es verschwindet und kommt im Laufe des Lebens wieder zurück.

Du hast davon gesprochen, dass jeder Mensch eine »Grundeinstellung« hat. Kannst du das etwas erklären?

Die Grundeinstellung ist für mich das Gesicht ohne Mimik. Ohne dass sich Muskeln bewegen. Das Gesicht hat die meisten beweglichen Muskeln. Über die Mimik reguliert das Gesicht die Korrespondenz, den Kontakt zum Mitmenschen: lächeln, grimmig schauen, angeekelt oder traurig. Die Grundeinstellung – das Gesicht »auf Null« stellen – erreicht man, indem man versucht, die Mimik abzustellen. Ich möchte den Menschen vor meiner Kamera dazu bringen, nichts ausdrücken zu wollen. Seine Anspannung abzulegen. Im negativen Sinne wäre es Gleichgültigkeit, man könnte es auch Selbstvergessenheit nennen. Aber es ist auch ein Sich-Hingeben. Wenn ich diesen Zustand im Gesicht erreiche, dann habe ich die Grundeinstellung. Es bleibt frei von Mimik das, was sich im Laufe des Lebens wie ein Manuskript ins Gesicht eingeschrieben hat.

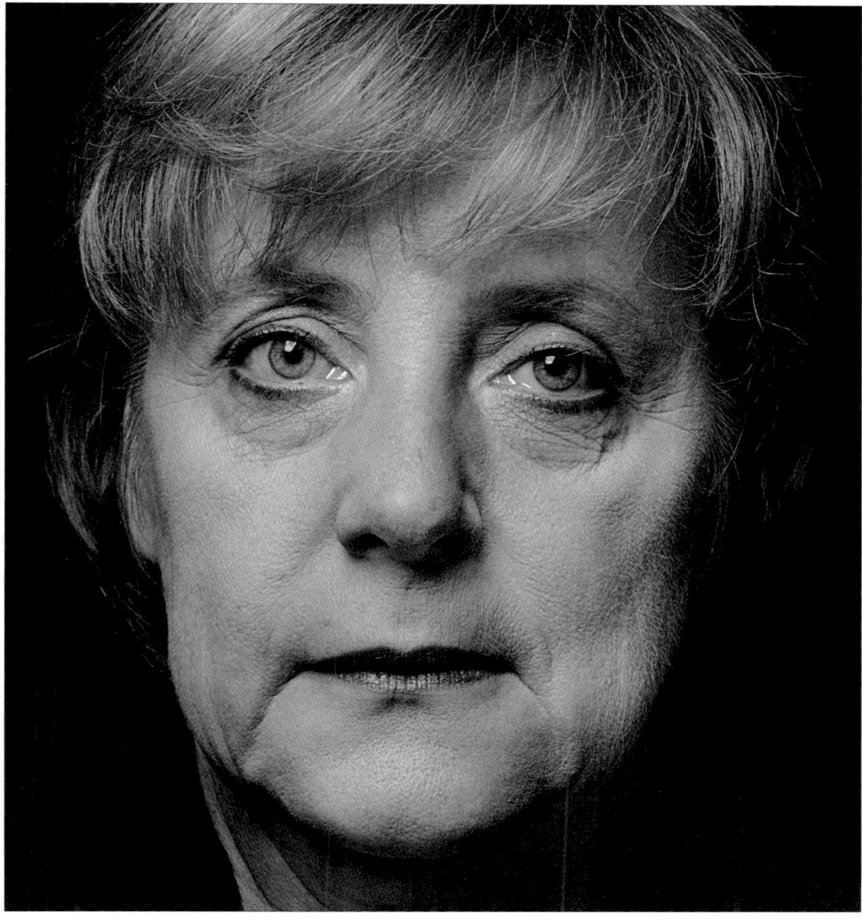

Was glaubst du, wie ist das beim Fotografieren? Ist diese Verstandesseite wichtiger, das Planen, das Vorbereiten, Organisieren, oder eher das Intuitive, Emotionale?

Beim Fotografieren ist es wie beim Autofahren: Als Fahrschüler musst du überlegen – links Kupplung, rechts Bremse. Irgendwann ergibt sich das selbstverständlich. In der Porträtfotografie überlegst du irgendwann nicht mehr, was links oder rechts ist, sondern du empfindest die Ganzheit. Das ist Trainingssache. Ich meine das übrigens im wörtlichen Sinn: Es ist wichtig zu lernen, in deiner eigenen Vorstellung die linke und rechte Gesichtshälfte des Gegenübers getrennt zu sehen, und dich damit zu beschäftigen, wie das wirkt. Ich habe viele Porträts halbiert und jeweils die gespiegelten Hälften, also zweimal rechts und zweimal links, zusammengesetzt und es mit dem ursprünglichen Bild verglichen. Dann habe ich erst entdeckt, aha, so sieht der Unterschied aus.

Ok, also die Grundlagen müssen da sein, die Aufmerksamkeit muss auf den Prozess ausgerichtet sein und nicht auf die Technik. Was ist mit der Emotion und Intuition und dem Bauchgefühl? Wofür ist das wichtig?

Ich bin ein emotionaler Mensch und ich habe ein Wunschbild, ein Ziel. Aber ich erzwinge das nicht. Ich gebe auch keine Anweisungen, um zum Ziel zu gelangen. Es soll von alleine kommen. Es ist wie eine Wanderung: Beim Weg auf den Berg hinauf sehe ich da oben irgendwo das Gipfelkreuz. Aber ich sehe beim Gehen auch Blumen und eine wunderbare Aussicht und ich weiß nicht was noch. Steinpilze (lacht).

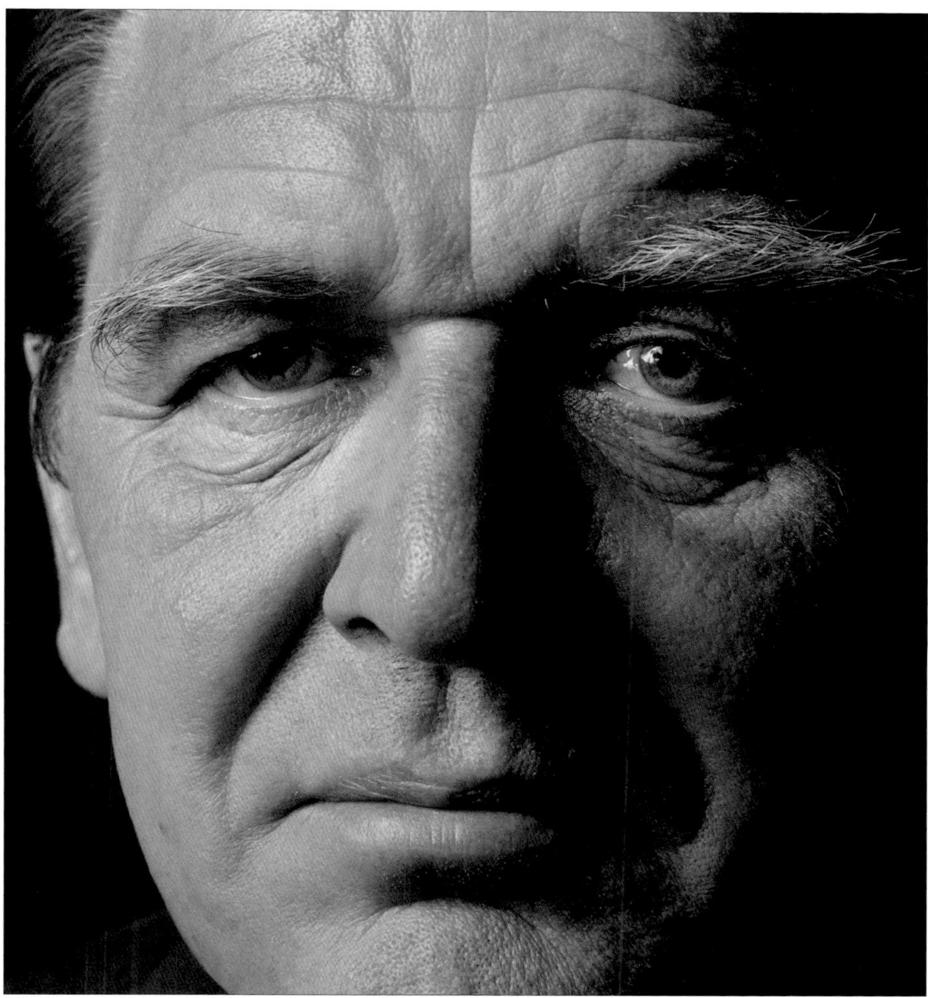

Eine schöne Metapher, das trifft genau, was ich mit Achtsamkeit meine. Und durch deine eigene emotionale Verfassung und deine Achtsamkeit wird das Porträt verändert, gar beeinflusst.

Das glaube ich, ja.

Kannst du ein Beispiel geben?

Wenn ich beispielsweise einen Menschen nicht mag, dann kann ich keine Sympathie vortäuschen. Ich kann es versuchen, aber es kommt nicht an. Wir haben dafür einen Instinkt, eine Wellenlänge, so wie ich das auch bei Hunden erlebe und auch bei anderen Tieren. Das Medium ist der Blickkontakt. Ich fotografiere meine Porträts fast immer im Blickkontakt. Der Blickkontakt, dieses »Ich schau dir tief in die Augen« kann ein aggressiver Moment sein, im Sinne von: »Du machst mir keine Angst.« Er kann aber auch bedeuten: »Ich habe nichts zu verbergen. Ich lasse Dich in mein Innerstes sehen.« Ob Sympathie entsteht oder nicht, läuft über den Blickkontakt.

Wenn du ein Porträt von jemandem machst, den du nicht magst, fällt dann das Porträt dieser Person auch kritischer aus? Vielleicht weil du auf Aspekte dieser Person fokussiert bist, die du nicht magst (was immer das auch sein mag)?

Ich glaube schon. Da ist die Porträtfotografie wie ein Gespräch. Obwohl ich als Fotograf nichts sagen muss, ist es ein Dialog, nämlich ein visueller und ein emotionaler. Man muss nicht immer reden, um Emotionen zu erzeugen.

Absolut, da stimme ich dir zu. Auch in der Therapie ist es manchmal sinnvoller zu schweigen und trotzdem kann dabei unglaublich viel Nähe entstehen. Was siehst du dann?

Ich sehe, wie das Gesicht meines Gegenübers die geringsten Bewegungen meines eigenen Gesichts reflektiert – wie ein Spiegelbild. So beeinflusse ich den Ausdruck der Person, die ich fotografiere. Ich kann eine Stimmung, die in meinem Gesicht zu sehen ist, auf den anderen übertragen. Das ist aber kein willentlicher Vorgang, sondern etwas Unkontrolliertes. Einem anderen dieses unkontrollierte Gesicht zu schenken, das ist für beide ein intensives Erlebnis. Für mich ist es das Entscheidende in der Porträtfotografie – ein magischer Augenblick!

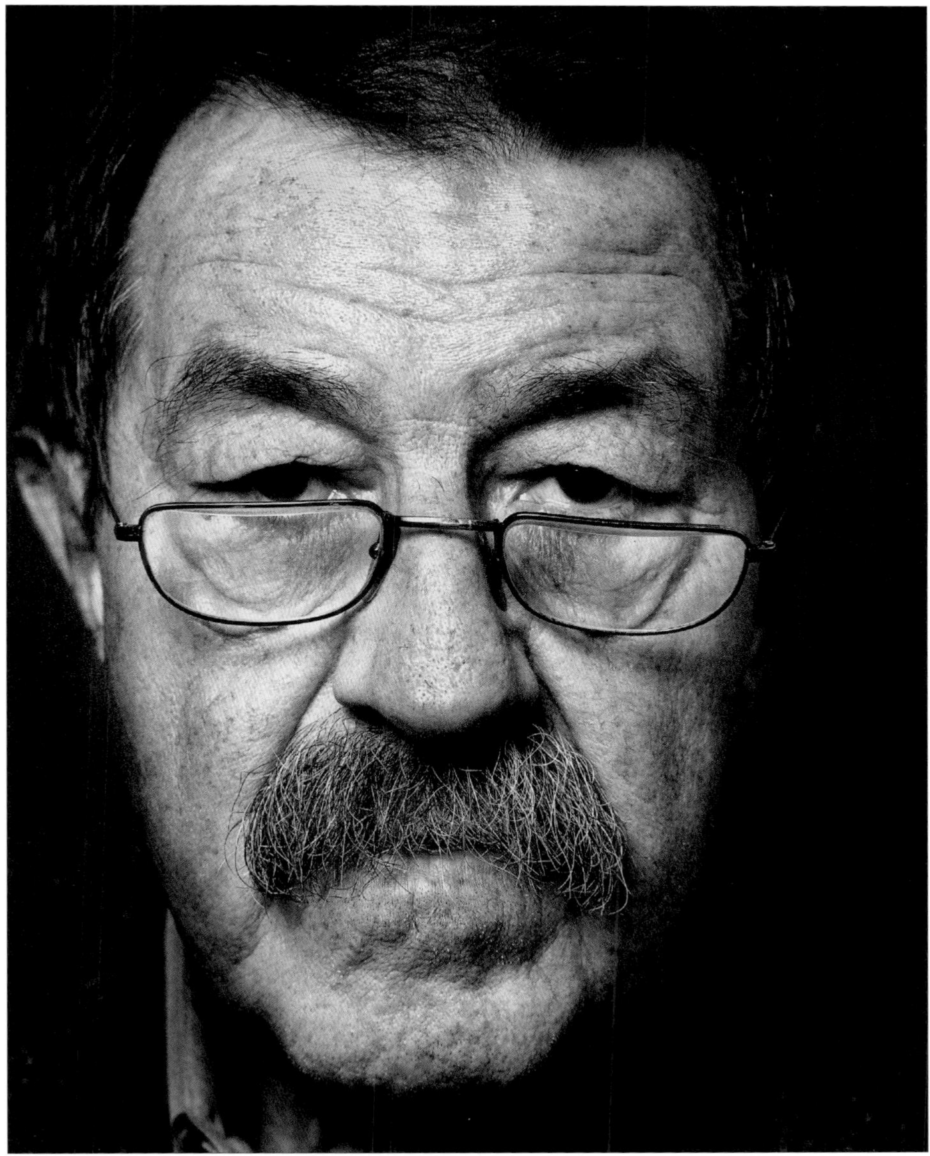

Das heißt, in jedes Porträt fließt auch das jeweilige emotionale Erleben des Fotografen mit ein, oder?

Das sehe ich so, ja. Zumindest in der Art, wie ich fotografiere. Im 19. Jahrhundert zum Beispiel gab es in der Porträtfotografie kaum Blickkontakt. Die Menschen schauten an irgendeinen fernen Punkt. Ich kenne Menschen, auch sehr prominente, die es nicht ertragen können, im Porträt einen Blickkontakt zu haben. Manche sagen das auch: Nein, in die Kamera schauen, das mache ich nicht. Ich habe das bei Musikern erlebt, bei Philosophen, bei Künstlern. Als wäre der Blickkontakt gefährlich – und das ist er manchmal ja auch. Einem Zöllner darf man auch nicht in die Augen schauen, wenn man ein schlechtes Gewissen hat (lacht).

Paul Ripke (ein deutscher Fotograf) sagt, er könne innerhalb von zwei Minuten die Seele eines jeden Menschen fotografisch darstellen. Er hat dazu einen Bildband herausgegeben. Kannst du dazu noch etwas sagen?

Ich kenne die Fotos leider nicht. Aber wenn es sein muss, kann das sogar mit einer einzigen Aufnahme gelingen. Ich habe früher Workshops gemacht, in denen jeder nur eine Aufnahme machen durfte, um eine Person zu erfassen. Das ist ein Abenteuer für sich. Je weniger Zeit ich habe, umso schneller komme ich zur Sache. Die Frage ist, was verstehe ich unter Seele?

Wenn ich eine Grimasse ziehe, ist mein Gesicht ja auch beseelt. Wenn ich dir gegenüber sitze und ablehnend schaue (macht verschiedene Ausdrücke vor) … oder ängstlich, und die Augen werden größer, die Brauen heben sich, die Stirn geht hoch – das bin ja alles ich. Die Seele ist dieselbe. Nur man gewinnt jedes Mal einen anderen Eindruck. Aber Charakter oder Wesen lässt sich nicht auf einen bestimmten Ausdruck festlegen. Wenn du mein Gesicht fotografierst, während ich den Kopf hebe, drückt es etwas ganz anderes aus, als wenn ich den Kopf hängen lasse und von unten in die Kamera schaue. Jedes Porträt bietet immer nur eine Ansicht von vielen möglichen. Eine Momentaufnahme. Das ist das Subjektive daran. Es gibt aber Menschen, die schauen immer von oben runter und andere, die schauen immer von unten rauf. Das muss ich als Porträtfotograf erkennen, zur Not in den paar Minuten, die man hat, um sich miteinander bekannt zu machen.

Man kann sagen, was der Fotograf tatsächlich einfängt, ist der Eindruck, den er von der Person hat, die er porträtiert, und den kann er gestalten, beispielsweise durch diese Dinge, die du jetzt dargestellt hast.

Ja. Ich habe viele Seelen. In mir ist – wie in jedem Menschen – ein Sauhund oder ein Mörder oder ich weiß nicht was. Nicht jeder ist als Pater Pio geboren oder als Heiliger Antonius.

Ich habe ein Zitat gefunden und zwar in dem Buch »On Being A Photographer« (von David Hurn and Bill Jay), und das geht so: »And if the self is shallow, narrow, superficial, and inconsequent, then so will be the resultant photographs.«

Also mit anderen Worten, wenn der Fotograf nicht eine gewisse Tiefe hat, seine Persönlichkeit möglicherweise unreif, oberflächlich ist, dann wird er nicht in der Lage sein, gute Porträts zu machen. Würdest du das unterstreichen?

Ich will mir da kein Urteil erlauben. Ich habe schon viele schlechte Porträts gesehen, deren Fotografen ich nicht kenne oder von denen ich nicht weiß, wie sie entstanden sind.

Aber meinst du, dass jemand mit solchen Eigenschaften in der Lage ist, diese ganzen Merkmale, die du beschrieben hast, zu erfassen? Oder gar rein technisch zu lernen und dann ein gutes Porträt zu machen?

Das ist wie beim Klavierspielen: Es kann technisch brillant sein und berührt trotzdem nicht. Goethe sagte: »Wenn es euch nicht von Herzen kommt, ihr werdet's nicht erjagen.« Was ich meine, ist: Hinter dem Bedürfnis, jemanden zu fotografieren, muss mehr stecken als mein Wunsch, mit dem Porträt eines Prominenten anzugeben. Umso mehr gilt das, wenn der Mensch nicht prominent ist.

Oft kriege ich zu hören, gerade bei alten Gesichtern sei der Ausdruck besonders. Aber das ist keine Frage des Alters. Ich kann mich genauso für einen dreizehnjährigen Jungen interessieren. Dessen Gesicht kann auch etwas ausdrücken, eine Persönlichkeit. Sie zu entdecken, das ist für mich eigentlich Porträtfotografie. Das gelingt natürlich nur, indem ich mich diesem Menschen zuwende.

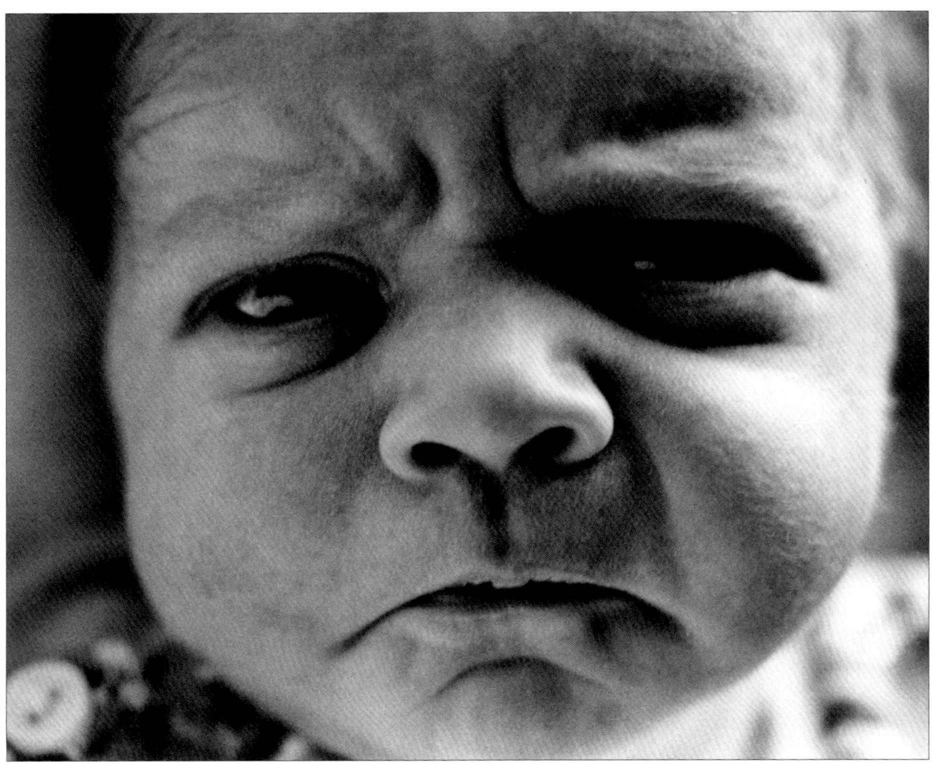

Das ist ein emotionaler Akt, oder? Es geht nicht ohne. Es geht nicht rein analytisch, denn dann würde man etwas abbilden, zu dem man nicht wirklich in Beziehung steht. Für mich ist es wichtig, den Porträtierten nicht als »Model« zu sehen, der oder die irgendetwas macht, meist lächelt, sondern als eine Persönlichkeit, mit vielen Facetten.

Ja, und man muss auch nicht jeden lieben, den man fotografiert. Ich habe zum Beispiel Straftäter im Gefängnis fotografiert. Jeder Mensch ist ein Unikat. Bei jedem muss ich das Interesse haben, ihn kennenzulernen.

Du hast vorhin gesagt, wenn es schneller gehen muss, kommt man schneller auf den Punkt. Was meinst du mit »auf den Punkt kommen«?

Dass man kein Theater spielt.

Aber du korrigierst doch auch in dieser kurzen Zeit? Du achtest auf die Dinge, die du vorhin erwähnst hast, minimale Veränderungen in der Mimik, der Kopfhaltung?

Ja, aber das mache ich oft nur über den Blickkontakt. Ich zeige durch meinen Gesichtsausdruck, was ich vom Porträtierten erwarte, und dann kommt bei ihm dieser Ausdruck als Antwort, wie ein Reflex. Das funktioniert auch bei Babys, das habe ich immer wieder erlebt.

Also das ist auch wieder ein interessantes psychologisches Phänomen, dass die Kommunikation zwischen Menschen gar nicht notwendigerweise immer über die Sprache, sondern sehr viel – gerade bei der Porträtfotografie – über nonverbale Signale stattfindet.

Ich brauche nicht mit einem Menschen zu reden. Wir tragen die Sprache in unserem Gesicht. Das ist die Ursprache. Bevor wir sprechen gelernt haben, hat uns die Natur die Mimik mit auf den Weg gegeben.

Die versteht jeder irgendwie und viele Studien zeigen zudem, dass diese Sprache interkulturell ist, also von jeder Kultur »erkannt« wird.

Ja, denken wir nur an die Taubstummensprache. Sie funktioniert mit Symbolen und Zeichen, aber vor allem über die Mimik. Mit Mimik kann ich jede Geschichte erzählen. Es funktioniert ja auch andersherum. Wenn wir lächeln, hebt das unsere Laune. Und wenn wir ein ängstliches Gesicht machen, kommt, nur weil wir diese Muskulatur bewegen, tatsächlich dieses Gefühl von Furcht in uns auf. Eine Art Autosuggestion. Auch Schauspieler arbeiten so.

Ja, über mimische Veränderungen werden Emotionen erzeugt oder zumindest modifiziert. Das haben viele wissenschaftliche Studien nachgewiesen. Deshalb ist ja auch die ganze Werbefotografie so reduktionistisch, weil sie ja immer nur ein bestimmtes Bild darstellen will. Das des lächelnden, oberflächlichen, hübschen und glücklichen Menschen …

Oh ja. Ich sammle lächelnde Gesichter aus Zeitungen. Ich habe eine ganze Kiste voll. Und so Gott will, mache ich noch etwas daraus.

Vielleicht noch eine technische Frage: Wenn du ein Shooting vorbereitest, deine Projekte, wie gehst du da vor, welches Equipment nimmst du, was brauchst du, um die Bilder so zu gestalten, wie du sie haben möchtest?

Eine Zeitlang habe ich nur mit Tageslicht oder natürlichem Licht gearbeitet. Das ist gut, wenn das Licht dieses Tages gut ist. Sonst ist es schlecht. Wenn ich einen Termin habe, dann weiß ich nicht, wie das Tageslicht sein wird. Zeitweise habe ich dann eben mit dem fotografiert, was da war – Neonlicht, langen Belichtungszeiten, allen möglichen Tricks. Das ist vielleicht künstlerische Freiheit, hat aber nichts mit der Person zu tun, die ich fotografiere. Davon bin ich längst abgekommen. Ich möchte ja nicht irgendwelche tollen Experimente machen, sondern ich möchte die Person zeigen. Und da sind das Zuverlässigste nun mal zwei Blitze.

Das heißt, du kannst das gesamte Gesicht damit ausleuchten?

Ja. Mit einer Lampe kann ich das Licht frontal setzen – dann kriege ich ein schlankeres Gesicht, als es in Wirklichkeit ist – oder ich betone die linke oder die rechte Seite. Das ist einseitig. Mit zwei Lampen wird es komplexer. Oft wird aber mit noch komplizierteren Settings gearbeitet, damit es gefälliger wird.

Ich kannte mal einen Fotografen, ich weiß jetzt gar nicht mehr, wer das war, der hat gesagt, für ihn sei es wichtig, dass er Bilder herstellt, auf die die Person, die sie dann sieht, auch stolz ist. Also er versucht, irgendeinen positiven Aspekt der Person widerzuspiegeln. Ist das etwas Reduktionistisches in der Porträtfotografie?

Das kann es sein, je nach Verwendungszweck.

Es könnte eine Zwischenstation sein, erst einmal ein »freundliches« schmeichelhaftes Abbild zu machen?

Mir ist das Negative lieber als das Positive.

Weil es interessanter ist? Dramatischer? Oder mehr auslöst?

Nein, das würde ich nicht sagen. Aber ich selbst bin nun mal ein Moll-Mensch. Und Porträtfotografie hat, wie wir ja schon gesehen haben, viel mit Resonanz zu tun.

Verstehe. Also du verbindest das mit mehr Tiefe, kann man das so sagen? Also es ist das Melancholische oder vielleicht auch Reflektierte, das mehr Tiefe hat?

Ach, so tief will ich gar nicht schürfen. Ich mag das unmotivierte Lächeln in der Porträtfotografie einfach nicht. Das Lächeln, das ein Mensch nur aufsetzt, um zu gefallen.

Vielleicht noch eine Frage zur Technik: Du hast gesagt, zwei Lampen – kannst du zum Objektiv noch etwas sagen, das du da verwendest?

Ich gehe ja nah ran. Das Gesicht ist mir wichtiger als der Oberkörper. Also brauche ich ein Objektiv, das nicht zu weitwinklig ist und mit dem ich die Nähe auch erlebe. Ein Teleobjektiv, ein 200er oder 300er, wäre mir bei Kleinbild schon zu lang. Dann muss ich weiter weggehen, um den Kopf ins Bild zu kriegen.

Da ändert sich ja auch wieder die Kommunikation, nicht?

Ich habe dann den Blickkontakt nicht mehr. Es entsteht nichts mehr zwischen mir und dem Porträtierten, weil ich zu weit weg bin. Also gehe ich lieber ran. Dafür müssen beide die Angst vor der Nähe überwinden, das ist vielleicht für den einen oder anderen gewöhnungsbedürftig. Aber dafür habe ich dann die Nähe.

Das heißt, du nimmst dann ein 100er Makro?

Für Kleinbild nehme ich meist ein 90er bis 110er. Ein 150er ist schon zu lang.

Vielleicht noch eine Frage zu einem weiteren Aspekt im Buch: Es soll ja auch darum gehen, inwieweit Fotografie auch einen therapeutischen Aspekt haben kann. Also: Kann man sich selbst helfen mit so etwas wie Fototherapie? Kann Fotografie dazu beitragen, persönliche Krisen zu überwinden oder Gefühle auszudrücken? Hast du Erfahrungen damit?

Ja, schon. Ich habe mir früher oft gedacht, meine Fotografie könnte Menschen helfen, sich selbst besser zu verstehen. Ich dachte sogar, wenn ich älter bin, würde ich das hauptberuflich machen. Aber davon bin ich abgekommen.

Für viele Menschen ist das eigene Gesicht ein Schock, umso mehr, je älter man wird. Letztlich erwartet uns das bittere Ende. Davor haben wir Angst. Das zu fotografieren, ist nicht einfach. Wenn ich es aber trotzdem tue und einem Porträtierten dieses Bild zeige, ungeschönt, werde ich in der Regel abgelehnt. Weil der Mensch dieses Bild von sich ablehnt. Das habe ich oft erlebt. Manchmal ist es anders. Da möchte jemand wirklich mehr über sich erfahren. Mit dem Bild kommen dann Assoziationen wie in einer Psychoanalyse. Alles Mögliche kommt dann zum Vorschein. Das Problem ist: Man kann diesen Menschen damit eigentlich nicht alleine lassen. Man kann nicht einem Menschen den Spiegel vorhalten, einmal die Tür zum Innenleben aufreißen und dann sagen: »So das war's, das kostet 100 Euro.« Das ist unfair. Es sollte eine Fortsetzung geben, wie bei einer Psychoanalyse. Aber ich bin kein Psychoanalytiker. Ich will nur Fotograf sein.

Aber dieses Erschrecken, was mit den ungeschönten Bildern kommt, möglicherweise sogar Angst, ich denke das kann man auch nutzen. Ängste lassen sich überwinden, aber man muss daran arbeiten. Meiner Erfahrung nach entsteht während des Fotografierens (wenn man es richtig betreibt) eine stärkere Intensität als in mancher Therapiesitzung. Unter dem Aspekt »mit eigenen Ängsten umgehen« können wir zum Schluss über dein Projekt »Nochmal leben vor dem Tod« sprechen. Du hast für dieses Projekt Sterbende im Hospiz fotografiert, kurze Zeit vor ihrem Tod und unmittelbar danach. Da hast du ja auch versucht, dich mit deinen Ängsten zu konfrontieren. Ist dir das gelungen?

Ja. Gegen Ende des Kriegs 1945, ich war neun Jahre alt, hatte ich gruselige Erlebnisse mit Leichen. Unser Haus wurde bei einem Bombenangriff zerstört, es gab viele Tote. Ich habe manche von ihnen identifizieren müssen. Das war alles zu viel. Mein Vater starb, als ich 19 Jahre alt war. In seinem Sterbezimmer blieb ich an der Tür stehen, so weit weg wie möglich, aus Angst. Als meine Mutter starb, war ich schon über 50. Ich habe sie am Vorabend ihres Todes noch einmal fotografiert. Aber als sie tot war, wollte ich sie nicht noch einmal sehen. Aus Angst. Viele Jahre später sollte ich im Auftrag des SPIEGEL eine Leiche in der Rechtsmedizin fotografieren. Ich war nicht dazu in der Lage, aus Angst davor, mir diese Bilder anschauen zu müssen und dann nicht mehr einschlafen zu können. Ich musste eine Woche später einen zweiten Anlauf machen. Diese Ängste – vor Dunkelheit, Leichen, Särgen – begleiteten mich mein ganzes Leben lang. Bestimmt ist meine Fotografie davon beeinflusst. Ich habe sogar immer Angst vor der Dunkelkammer gehabt, obwohl ich ja viele Jahre meines Lebens dort verbracht habe. Aber irgendwann wollte ich in der Angst nicht mehr steckenbleiben. Auch zwischen mir und meiner Lebensgefährtin, die 30 Jahre jünger als ich und Journalistin ist, war das Thema Tod und Sterben ziemlich präsent. Unsere Berufe gaben uns die Möglichkeit, uns gemeinsam mit diesen Ängsten zu konfrontieren. So begannen wir mit dem Projekt im Hospiz. Vom ersten bis zum letzten Porträt, das wir dort gemacht haben, vergingen drei Jahre. Am Ende hatte ich einen Traum, in dem ich mit einer alten Dame, die tot war, ganz friedlich Arm in Arm über den Flur ging. Im Traum machte mir das gar keine Angst. Ich hatte die Angst überwunden, ich war erlöst.

Ich glaube, das ist ein sehr emotionales Abschlusswort, das auch zeigt, dass die Konfrontation mit der Angst über das Medium Fotografie lebensverändernd wirken kann. Vielen Dank, Walter, für das wunderbare Interview.

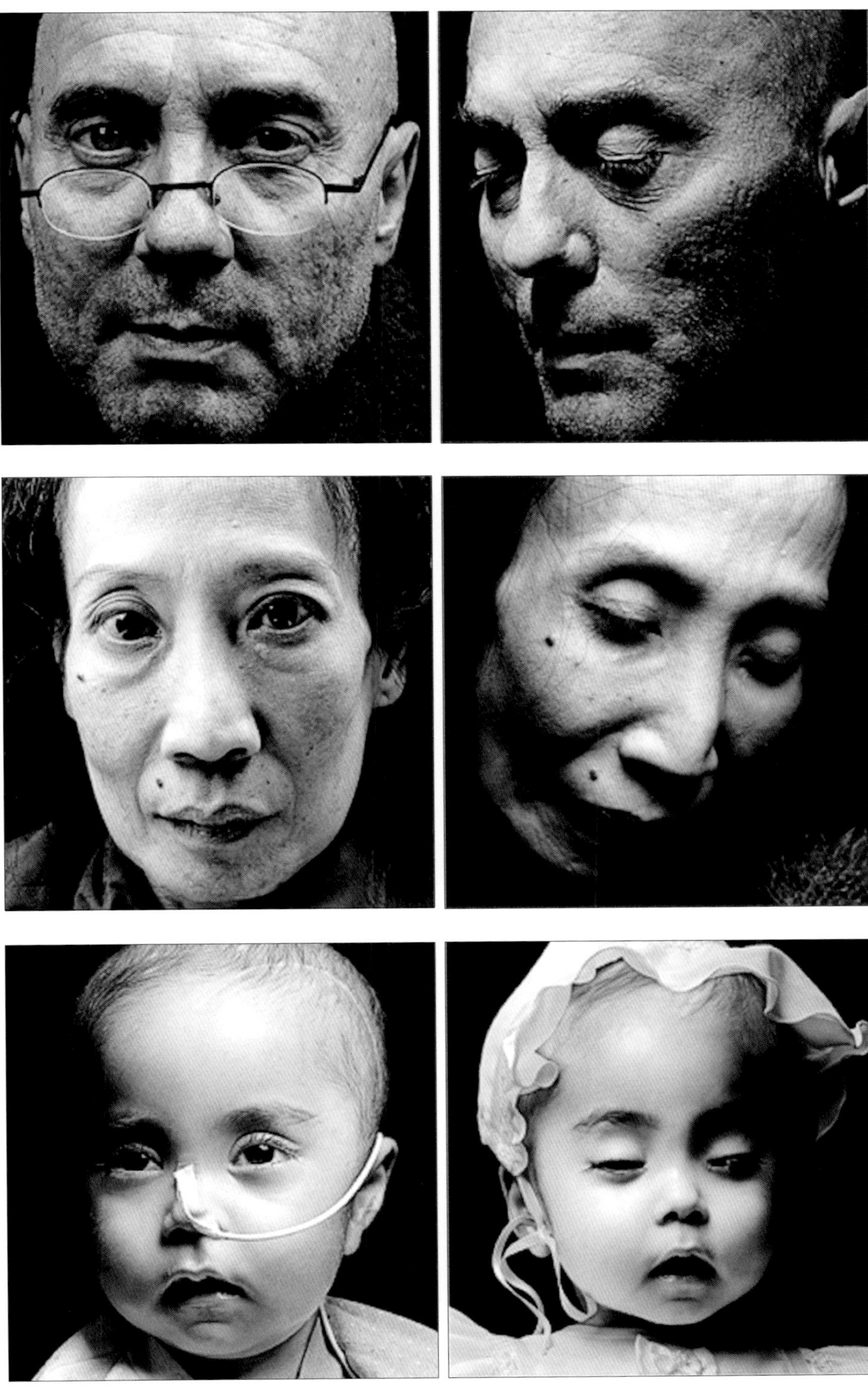

Kapitel 5

Kreativität

Was versteht man eigentlich unter Kreativität? Kann man das lernen? Welche Bedeutung hat Talent dabei? Warum ist Kreativität so wichtig für das Fotografieren, speziell für die Menschenfotografie, um die es mir hier geht? Porträtfotografen erfinden sich häufig immer wieder neu. Man muss kreativ sein, wenn man so etwas Komplexes wie das Wesen einer Person auf immer wieder neue Art und Weise abbilden möchte. Je flexibler, je mehr Perspektiven und je kreativer die Umsetzung, desto interessanter die einzelnen Porträts. Aus diesem Grunde widme ich diesem Thema ein ganzes Kapitel und schlage Ihnen am Ende einige Übungen vor. Außerdem kommt der Fotograf Robert Mertens zu Wort, der sich intensiv mit Kreativität in der Fotografie beschäftigt und darüber ein Buch geschrieben hat (»Kreative Fotopraxis«).

Kreativität hat viele Facetten. In der Kreativitätsforschung unterscheidet man vier wesentliche Aspekte: die kreative Person, den kreativen Prozess, das kreative Produkt und die kreative Umgebung.[10] Allerdings werde ich hier ausschließlich auf den kreativen Prozess eingehen, denn der ist es, der den Fotografen am meisten interessiert. Kreativ zu sein bedeutet, *etwas Neues auf eine andere Art und Weise zu schaffen*. Nicht kreativ ist es hingegen, sich Inspiration aus dem Internet zu holen und es dann nachzumachen. Ich unterscheide sieben wesentliche Bestandteile der Kreativität: Motivation, Achtsamkeit, Erfahrung/Wissen, Enthusiasmus, Selbstbewusstsein, Praxis und Perspektivwechsel. Ganz wichtig ist zudem die Fähigkeit zum »Querdenken«. Es geht immer darum, etwas auf eine bestimmte Art und Weise *anders*, neu, innovativ zu erschaffen. Dies gelingt meiner Auffassung nach aber nur, wenn man selbst bereit ist, bestimmte Übungen zur Steigerung der Kreativität immer wieder zu praktizieren. Kreativ zu sein kann man also lernen und muss man üben. Talent hingegen bestimmt nur die Geschwindigkeit des Lernprozesses und die Vielfalt des Ausdrucksvermögens. Dabei ist der

Weg das Ziel, der eine braucht eben mehr Übung als der andere. Der berühmte Zen-Meister Suzuki drückt es wunderbar aus:

»Der Weg der Praxis ohne Ziel besteht darin, dass ihr eure Aktivität begrenzt oder euch auf das konzentriert, was ihr in diesem Augenblick tut. Anstatt ein bestimmtes Objekt im Sinn zu haben, solltet ihr eure Aktivität begrenzen.«[11]

Lassen Sie uns mit den genannten Aspekten von Kreativität beginnen, für den eiligen Leser reicht die Zusammenfassung am Ende, Sie sollten aber unbedingt die Übungen studieren und zumindest eine bis zwei davon auch durchführen.

Auf die innere Motivation, den Enthusiasmus kommt es an! Damit meine ich den inneren Antrieb, etwas Neues, Anderes und Tieferes zu erkunden und darzustellen, oder ganz einfach sich kreativ auszudrücken, vielleicht auf eine Art und Weise, die einzigartig ist oder zumindest neue Formen verwendet. Psychologisch gesehen geht es dabei um die »innere Motivation«. Damit meine ich, dass die Motivation aus einem selbst heraus kommt und äußere »Verstärker«, zum Beispiel ein gutes Foto zu machen oder belohnt zu werden, nicht der primäre Grund sind zu fotografieren.

Wir haben nahezu unerschöpfliche Energiequellen, wenn wir von innen heraus motiviert sind. Ganz bedeutsam dabei ist, dass die Tätigkeit an sich Freude bereitet. Verlassen wir uns hingegen nur auf äußere Verstärker, bleiben wir abhängig von deren Ausmaß (wie Erfolg, Macht, Ruhm, Anerkennung oder eben ein gutes Foto). Dabei sind diese Verstärker oft nicht oder wenig kontrollierbar. Je mehr wir uns also von diesen abhängig machen, desto stärker bleiben wir Spielball der äußeren Bedingungen und sind damit manipulierbar. Denn was nützen Geld und Ruhm oder die neuste Kamera, wenn man die Tätigkeit, mit der sie erworben werden, nicht gern ausführt, oder wenn man sich Erfolg wünscht und dieser ausbleibt?

In meinen Workshops zu gesundheitsorientiertem Führen frage ich meist meine Teilnehmer, wie sie einen Mitarbeiter motivieren. Sie sollen dies am Beispiel eines Coachings für einen Marathonläufer erarbeiten. Die Kommentare und Ausarbeitungen enthalten immer folgende Aspekte: Training (wichtig), Boni, wenn er es schafft, optimale Vorbereitung, Informationen, Herausstellen der Vorteile von Sport usw. Das sind alles Faktoren, die äußere Motivation fördern und eher kognitiv (also geistig, gedanklich) sind. Sehr selten kommt jedoch folgendes Argument zur Sprache: Ich würde einem Mitarbeiter nur dann raten, einen Marathon zu laufen, wenn »Laufen ihm Spaß macht«. Denn vor allem »das gute Gefühl beim Joggen« sagt vorher, ob das Training durchgehalten wird oder nicht. Motivation für etwas meint also: *Etwas aus sich heraus tun wollen*. Fotografieren, weil es Freude bereitet, nicht um ein geniales Foto zu erstellen. Schön wenn man gleichzeitig auch noch dafür belohnt wird oder sein Geld damit verdienen kann, dies sollte nur nicht der einzige Antrieb sein. Das Verständnis von motivationalen Prozessen ist wichtig: Neurobiologisch gesehen beginnt unser Gehirn, vermehrt den Neurotransmitter Dopamin auszuschütten, wenn wir ein für uns bedeutsames Ziel anstreben. Dopamin hält uns wach, aufmerksam und sorgt für eine angenehme Stimmungslage. Während wir im Prozess sind, wird Dopamin ausgeschüttet; nachdem wir das Ziel erreicht haben, fällt der Pegel jedoch drastisch ab, wie in der folgenden Abbildung stark vereinfacht dargestellt.

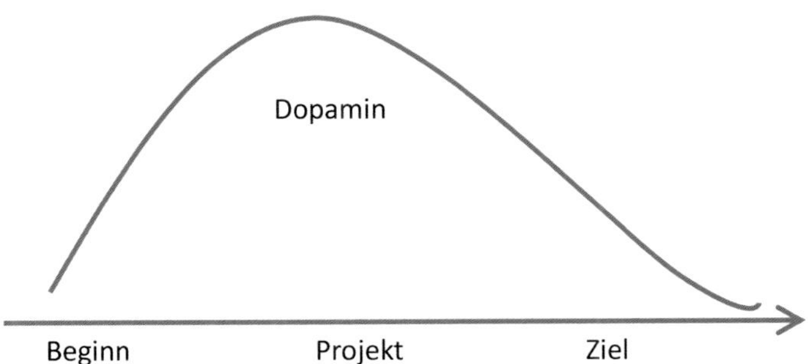

Das ist ein Grund dafür, dass das Erreichen eines Ziels an sich nicht glücklich macht und man danach in eine Art »motivationales Loch« fallen kann. Neue Ziele sind nun vonnöten. Setzen Sie sich also nicht unter Druck, genießen Sie stattdessen den Prozess, nur so kann sich Kreativität entfalten. Die Erfüllung eines Bedürfnisses ist gemäß Arthur Schopenhauer deshalb ein negatives Ereignis, da dadurch das Bedürfnis wegfällt und damit wieder Schmerz (Unlust, also ein negatives Gefühl) Einzug hält.[12] Motivation und Enthusiasmus lassen sich nicht voneinander trennen. Folgendes Zitat drückt dies aufs Beste aus:

»Jahre runzeln die Haut,
den Enthusiasmus aufgeben runzelt die Seele.«

(Albert Schweitzer)

Dem ist nichts hinzuzufügen, niemand wird sich motiviert, glücklich oder zufrieden fühlen oder gar gute Fotos machen, dem sein Enthusiasmus ganz abhanden gekommen ist. Neue Projekte, längere Auszeiten, Besuch von Workshops und Austausch mit anderen können dabei helfen, verlorenen Enthusiasmus wiederzufinden. *Das Gegenteil von Enthusiasmus ist innere Leere.*

Tipp: Nehmen Sie sich kurz Zeit und beantworten Sie diese Fragen:

1. Warum fotografiere ich eigentlich?
2. Habe ich ein Projekt, das mir Spaß macht? Ein Ziel?
3. Welche Art der Fotografie macht mir Spaß und warum? Fragen Sie sich aber auch: Was interessiert mich nicht und was möchte ich eigentlich nicht fotografieren?

Bei mir sieht das so aus: Ich fotografiere, weil es mir Spaß macht, ich mich dabei entspannen kann, und ich glaube auch, dass das Fotografieren mein Leben enorm bereichert, es mit Sinn anfüllt. Ich lerne das Sehen neu, habe intensive Begegnungen mit anderen Menschen, kann deren oder meine Gefühle ausdrücken. Ich schaue mir die Bilder nicht gleich auf dem Display an, ich möchte nur im Prozess des Sehens und Fotografierens sein. Alles andere lenkt mich ab und würde diesen Prozess stören. Ich bearbeite wenig nach, denn ich möchte nicht zu viel manipulieren, sondern das darstellen, was ich empfunden habe. Ich mag aber auch die Haptik meiner Kamera. Meist plane ich ein Projekt, lasse mich jedoch auch treiben, Letzteres vor allem bei der Straßenfotografie. Das folgende Foto zeigt dies, hier ging es mir darum, die Schatten abzubilden, die uns in eine andere Zeit zu versetzen scheinen.

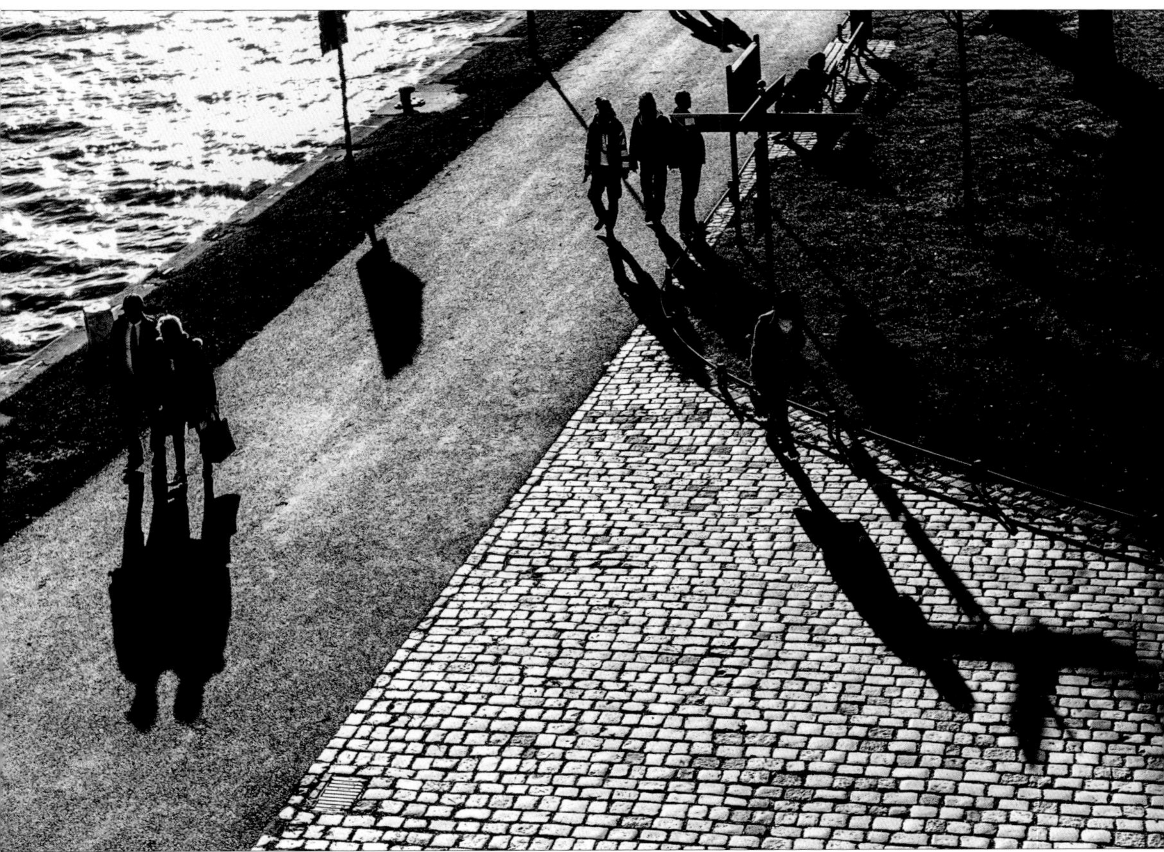

Es ist eher zufällig entstanden, ich schlenderte durch Frankfurt und sah dieses Licht und die daraus resultierenden Schatten. Alles erinnerte mich an frühere Zeiten: Kutschen, Menschen mit Zylinder erschienen vor meinem inneren Auge. Für mich spielt dieses Foto in einer vergangenen Zeit. Es drückt eine besinnliche, fast melancholische Stimmung aus, vielleicht fühlte ich mich gerade genau so?

Ich interessiere mich vor allem für die Porträt- und Straßenfotografie. Danach käme die Landschaftsfotografie (die mich immer stärker in den Bann zieht). Tiere, Architektur, Makroaufnahmen oder Stillleben interessieren mich im Moment eher weniger. Das muss nicht immer so bleiben, aber zu wissen, was mich wirklich bewegt, ist wichtig für ein fokussiertes Arbeiten, und das leitet direkt zum nächsten Part über.

Die zweite Ingredienz der Kreativität ist Achtsamkeit: Achtsamkeit ist nicht gleich »Denken« oder gar »Sehen« oder »Nachdenken«, denn Nachdenken kann beispielsweise durchaus kontraproduktiv sein, wie wir im Kapitel »Kopf versus Bauch« sehen werden. *Achtsamkeit ist jedoch etwas sehr Wichtiges, es bedeutet im Grunde genommen, sich auf einen bestimmten (fotografischen) Prozess voll und ganz auszurichten oder sich einfach nur den Dingen kommentarlos zuzuwenden.* Oft bitte ich beispielsweise meine Workshop-Teilnehmer, die Augen zu schließen, und stelle ihnen dann folgende Fragen: Gibt es Blumen im Raum? Gardinen? Wo steht ein Papierkorb? Was hat Ihre Nachbarin/Ihr Nachbar an? Trägt sie/er eine Brille? Die meisten sind verwundert darüber, dass sie fast keine der Fragen sicher beantworten können. Insbesondere Achtsamkeit im Sinne der visuellen Achtsamkeit halte ich aber für einen der wichtigsten Aspekte kreativer Tätigkeit. Sehen und genaues Beobachten werden immer wieder als zentral für die Fähigkeit, überdurchschnittliche Fotos zu erzeugen, genannt. Immerhin etwa 80 Prozent der gesamten Informationsverarbeitung erfolgt visuell. Also checken Sie nicht ständig Ihre E-Mails, verbannen Sie alles, was Sie vom Fotografieren oder vom Sehen ablenkt, wenn Sie unterwegs sind, *um zu fotografieren*. Das sind aus meiner Sicht die wichtigsten Grundlagen der Achtsamkeit. Nun bin ich auch Psychologe und Wissenschaftler und da liegt es nahe, meine Aussagen mit Daten zu belegen. Multitasking kann beispielsweise sehr problematisch sein. Der Sozialpsychologe Roy Baumeister und seine Kollegen konnten in vielen Experimenten nachweisen, dass je mehr Sie gleichzeitig tun, die Leistung in jeder Einzelaufgabe umso schlechter ist! Beispielsweise führt allein das Warten auf eine E-Mail zu einer Leistungsminderung bei anderen Aufgaben. In verschiedenen Experimenten konnte gezeigt werden, dass die Aufgabe, einen bestimmten Begriff, eine Vorstellung (u. a. an einen weißen Bären zu denken) während eines Tests zu unterdrücken, dazu führte, dass die entsprechenden Probanden in verschiedenen Leistungsaufgaben deutlich schlechter abschnitten im Vergleich zu denjenigen, die sich ganz auf die Aufgabe konzentrieren konnten. Diesen Zustand hat Baumeister als Selbst-Erschöpfung (englisch: Ego depletion) bezeichnet.[13] Unser Geist muss sich also ähnlich einem Muskel auf eine Aufgabe oder Wahrnehmung konzentrieren können, um optimal zu funktionieren, außerdem benötigt er immer wieder Regenerationsphasen. Ich habe versucht, dies im nächsten Foto darzustellen, das Bild spiegelt die Stimmung, in der ich mich befand, schön wider.

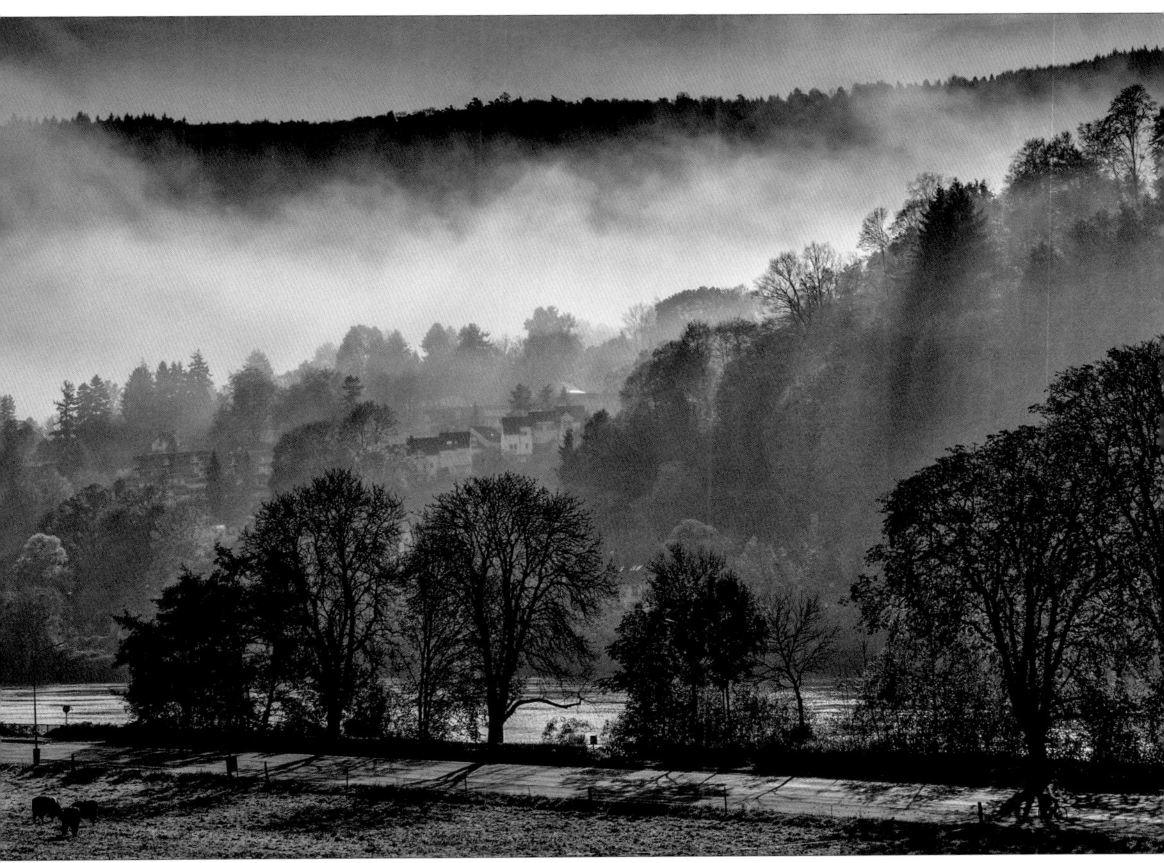

Um was es mir also geht: Motivation mit Achtsamkeit zu kombinieren. Das Verlangen danach, Dinge ganz aufzunehmen, sie in ihrer Schönheit oder auch Eintönigkeit zu registrieren. Wenn Sie in einem Straßenfotografie-Kurs mit einer Horde Gleichgesinnter durch die Straßen schlendern, zehn Objektive und drei Kameras dabei haben, werden Sie mit Sicherheit nicht achtsam sein. *Achtsamkeit erfordert Fokus*, sich ganz dem Sehen hinzugeben, sich Zeit zu lassen, alles aufzunehmen, ohne es jedoch zu bewerten oder sich ablenken zu lassen. Achtsamkeit kann man lernen. Hilfreich sind kurze Achtsamkeitsübungen. Meist empfehle ich eine sechs- bis achtminütige Meditationsübung mit Fokus auf den Atem (Vipassana-Meditation). Ich habe solche Übungen in meinem Buch »Gefühle im Griff«[12] dargestellt, dort finden sich auch Links zu mehreren Audiodateien mit Meditationsanleitungen.

Übung/Tipp: Führen Sie ab und zu eine kurze Achtsamkeitsübung durch und schulen Sie Ihr Sehen. Fahren Sie Auto, ohne das Radio laufen zu lassen, nehmen Sie stattdessen das Wetter wahr, die Regentropfen auf der Frontscheibe oder den Sonnenstrahl, die Geräusche. Am liebsten würden Sie nun Ihren Fotoapparat zücken und fotografieren ...

Der dritte wesentliche Part kreativer Aktivität ist die Erfahrung, das Wissen. Die Psychologie lehrt uns, dass bereits ab dem 20. Lebensjahr unsere geistigen Fähigkeiten nachlassen. Das betrifft vor allem die sogenannte fluide (angeborene) Intelligenz, also Aspekte wie die Geschwindigkeit des Denkens oder die Fähigkeit zum räumlichen Sehen. Ich bin gerade 50 Jahre alt geworden, das heißt ich habe einen erheblichen Teil meiner Geschwindigkeit der Informationsverarbeitung eingebüßt. Nähme man allein diese Befunde zur Kenntnis, so würden Kreativität und Kunst mit zunehmendem Alter fast unmöglich werden, insbesondere Neues zu lernen, wäre kaum möglich. Dies ist aber keinesfalls so. Die Einbußen, die wir in bestimmten Bereichen unserer Intelligenz haben, zum Beispiel im Gedächtnis, kompensieren wir mit den Erfahrungen, der verbesserten Fähigkeit zu fokussieren, der Nutzung des Erfahrungsschatzes aus ähnlichen Situationen und den Erinnerungen an die Gefühle, die wir mit bestimmten Aktivitäten verbinden. Dies wird mit zunehmendem Alter immer bedeutsamer. Die Erfahrung erlaubt es uns aber auch, wichtige Fragen, die unmittelbar den fotografischen Prozess beeinflussen, schnell und intuitiv zu beantworten, wie u. a.: Was will ich abbilden? Wo fotografiere ich? Was passiert mit dem Foto? Schwarz-weiß oder Farbe? Welche Kamera und welches Objektiv? Nehme ich das Stativ? Wie sind die Lichtbedingungen? Nutze ich zusätzlich einen Blitz? Welcher Hintergrund und welche Tiefenschärfe? Welche Persönlichkeit fotografiere ich da? Wie viel Zeit habe ich? Ich bin immer wieder überrascht, wie viele Fotografen davon ausgehen, dass sie all dies ohne viel Übung bewerkstelligen können.

Tipp: Je weniger Erfahrungen, desto weniger komplex das Setting! Also beispielsweise erst einmal nur natürliches Licht, mit einem Objektiv. Dann Schritt für Schritt komplexere Settings. Wissen ist zudem immer »Seins-orientiert«, damit meine ich am fotografischen Prozess, also am Tun, interessiert, nicht jedoch am Haben (Equipment). Der Psychologe Erich Fromm hat das in seinem Buch »Haben oder Sein«[14] so beschrieben:

»Wissen beginnt mit der Erkenntnis der Täuschungen durch die Wahrnehmungen unseres sogenannten gesunden Menschenverstandes; nicht nur in dem Sinn, dass unser Bild der physischen Realität nicht der ›tatsächlichen Wirklichkeit‹ entspricht, sondern insbesondere in dem Sinn, dass die meisten Menschen halb wachen und halb träumen und nicht gewahr sind, dass das meiste dessen, was sie für wahr und selbstverständlich halten, Illusionen sind, die durch den suggestiven Einfluss des gesellschaftlichen Umfelds hervorgerufen werden, in dem sie leben. Wissen beginnt demnach mit der Zerstörung von Täuschungen, mit der ›Ent-täuschung‹. Wissen bedeutet, durch die Oberfläche zu den Wurzeln und damit zu den Ursachen vordringen, die Realität in ihrer Nacktheit ›sehen‹. Wissen bedeutet nicht, im Besitz von Wahrheit zu sein, sondern durch die Oberfläche zu dringen und kritisch und tätig nach immer größerer Annäherung an die Wahrheit zu streben.«

Allerdings sind Erfahrung und Wissen ein zweischneidiges Schwert. Wenn Erfahrungen zu Routinen werden, stirbt die Kreativität. 10.000 Stunden Training machen *nicht* automatisch einen hervorragenden Pianisten oder Fotografen, erst wenn dieser sich immer weiterentwickelt, Kritiken einholt, seinen Stil vervollkommnet, damit also geistig aktiv bleibt, stellt sich der Erfolg ein. Dann entwickelt sich ein eigener Stil, der nicht nur aus der Wiederholung des einmal Gelernten resultiert. Ich würde also ergänzen: Offenheit für neue Erfahrungen ist entscheidend für wirklich herausragende kreative Leistungen und das Lernen aus Fehlern! Mein Freund, der Allgemeine Psychologe und Kreativitätsforscher Joachim Funke, beschreibt das so: »Kreative Produkte entstehen nicht durch Anwendung von Routine-Verfahren ... Routine ist das Gegenteil von Kreativität.«[10]

Tipp: Jeden Tag 30 Minuten Fotografie: Die Forschung zeigt: Widmet man sich jeden Tag für etwa eine Stunde einem Thema intensiv, ist man nach etwa drei bis fünf Jahren Experte. Mein Vorschlag ist also, versuchen Sie sich pro Tag 30 Minuten mit der Fotografie zu beschäftigen, wechseln Sie zwischen dem Hören von Vorträgen (youtube ist hier eine wahre Fundgrube), dem Lesen von Büchern und praktischen Übungen ab.

Auch gehört ein **gewisses Selbstbewusstsein** zum kreativen Prozess. Es geht hierbei darum, auf die eigenen Ressourcen, auf Intuition und Gefühle zu vertrauen. Ein schwaches Selbstwertgefühl ist immer ausgesprochen anfällig gegenüber Bewertungen von außen und Kommentierungen. Viele der berühmtesten Künstler sind zunächst verrissen worden; sie haben trotzdem weitergemacht. Emil Nolde beschreibt das sehr schön:

> *»Einer selbständigen Künstlernatur muss jede Kritik, schlecht oder gut, gleichgültig sein, er wird selbst immer einen höheren Anspruch einnehmen als diese.«*[15]

Selbstbewusstsein ist nicht mit Narzissmus zu verwechseln. Narzissmus bedeutet nur ein aufgeblasenes Ego, das die eigene Unsicherheit und Ängstlichkeit kaschiert. Narzissten brauchen Erfolg und Anerkennung, um sich wohlzufühlen. Alles bricht schnell zusammen, wenn die Anerkennung ausbleibt. Die erste Depression ist dann meist nicht weit. Selbstbewusste Menschen sind hingegen der Kritik zugänglich und zeichnen sich eher dadurch aus, dass sie aus Kritik lernen, ohne sich überanzupassen. Sie sind auch in der Lage, destruktive Kritik zu erkennen und sich davon nicht beeinflussen zu lassen. Selbstbewusste Menschen fragen auch nicht in Internetforen, welche Kamera sie sich kaufen sollen und ob diese oder jene berühmte Persönlichkeit diese oder jene Kamera nutzte. Sie finden selbst heraus, was sie brauchen, um kreativ zu sein, da sie eigene Bedürfnisse, Fähigkeiten, aber auch Unzulänglichkeiten kennen und mit ihnen umgehen können. Das heißt nicht, dass man sich in der persönlichen Begegnung nicht auch über Technik und Kameras austauscht.

Kreativität zu schulen bedeutet auch Praxis zu erwerben. Zen-Meister weisen immer wieder darauf hin, dass das Lesen von Schriften wenig hilfreich ist, wenn nicht gleichzeitig die Übung im Vordergrund steht. Es einfach zu halten und bestimmte Aspekte immer wieder einmal zu üben, ist ganz entscheidend für kreative Leistungen. Für die Fotografie bedeutet das also: Je mehr Praxis, umso besser. Kleine Technikübungen, wie ich sie weiter unten beschreibe, sind hilfreicher als stundenlange Internetrecherchen nach der besten Kamera oder dem besten Sensor. Handbücher sind hilfreich, aber man sollte sie meiner Meinung nach nicht auswendig lernen, sondern stattdessen gezielt nachlesen auf der Grundlage eigener Praxiserfahrungen oder Ziele. Konstruktive Kritik ist wichtig, sollte aber von Personen kommen, die Sie als erfahrener einschätzen und die Ihnen ein differenziertes Feedback geben. Denken Sie auch an die Losada-Rate, vor allem wenn Sie selbst Feedback geben. Internetforen sind meist nicht geeignet, da sie stark symmetrisch ausgerichtet sind, das heißt man wird gelobt, wenn man selbst lobt. Außerdem wird meist auf Mainstream und Gefälligkeit fokussiert, nicht jedoch darauf, wie kreativ eine Leistung ist. Spezielle Workshops, in denen auch das eigene Portfolio vorgestellt und diskutiert wird, sind zu empfehlen. Motivation, Achtsamkeit, Praxis und Wissen in Verbindung mit konstruktiver Kritik bringen Sie tatsächlich auf den nächsten Level, nicht jedoch leere Versprechungen überteuerter Fotografen, die sich gut im Internet zu »verkaufen« wissen und deren Workshops dann oft nicht halten, was sie versprechen. Wirklicher Erfolg kommt vom *Üben, Wiederholen, Üben, Wiederholen, Üben, Wiederholen, den nächsten Schritt gehen usw. …*

Und schließlich ist die Fähigkeit zum Perspektivwechsel entscheidend für Kreativität: In einer großen Übersichtsarbeit, die ich zusammen mit meinen Mitarbeitern zur Wirkung verschiedener Strategien zur Gefühlsregulation und deren Auswirkung auf seelische Gesundheit erstellt habe, zeigte sich, dass die Fähigkeit zum Perspektivwechsel sehr wichtig für die körperliche und seelische Gesundheit ist, und ich denke, dass dies auch für kreative Prozesse zutrifft. Der Psychologe Joachim Funke unterscheidet in seinem Beitrag »Neues durch Wechsel der Perspektive«[10] zwischen *dem Wechsel der räumlichen, der zeitlichen und dem Wechsel der geistigen Perspektive*. Wenden wir das auf den fotografischen Prozess an, so bedeutet es nichts anderes, als mit der Kamera die Perspektive immer wieder zu wechseln und neue Projekte zu kreieren. Das kann beispielsweise dadurch erfolgen, dass ich mir vorstelle, wie ein Kind die Aufnahmen machen würde (Wechsel der räumlichen und geistigen Perspektive). Wie sieht ein Kind die Welt? Aus welcher Höhe? Mit welchen Farben? Was ist geistig gesehen anders? Oder versuchen Sie doch einmal, alles unscharf abzubilden, ganz bewusst. Ein interessantes Experiment machte der Fotograf Hans Eigkelborn. Er gesellte sich einfach zu unbekannten Familien in deren Wohnung dazu. Er wartete tatsächlich, bis die Ehemänner aus dem Haus waren, klingelte dann an der Wohnungstür und fotografierte die Restfamilie und sich über den Selbstauslöser. Dadurch entstand ein Familienfoto. Erstaunlicherweise wirkt er auf diesen Bildern durchaus nicht als Fremdkörper. Eine kreative, freche Idee, die zeigt, wie leicht sich Familienbilder manipulieren lassen, aber wie viel sie auch aussagen über eine Familie.

Ein weiteres Foto zeigt das Profil meines Vaters, der Hintergrund spiegelt wider, was sich im Porträt andeutet. Das Bild habe ich in Heidelberg im Café Nerd aufgenommen. Als ich meinen Vater vor dieser Wand sitzen sah, wurde mir sofort klar, dass ich ihn dort fotografieren muss; Gott sei Dank hatte ich meine Leica dabei. Es scheint doch zu stimmen: Man sollte die Kamera immer dabei haben.

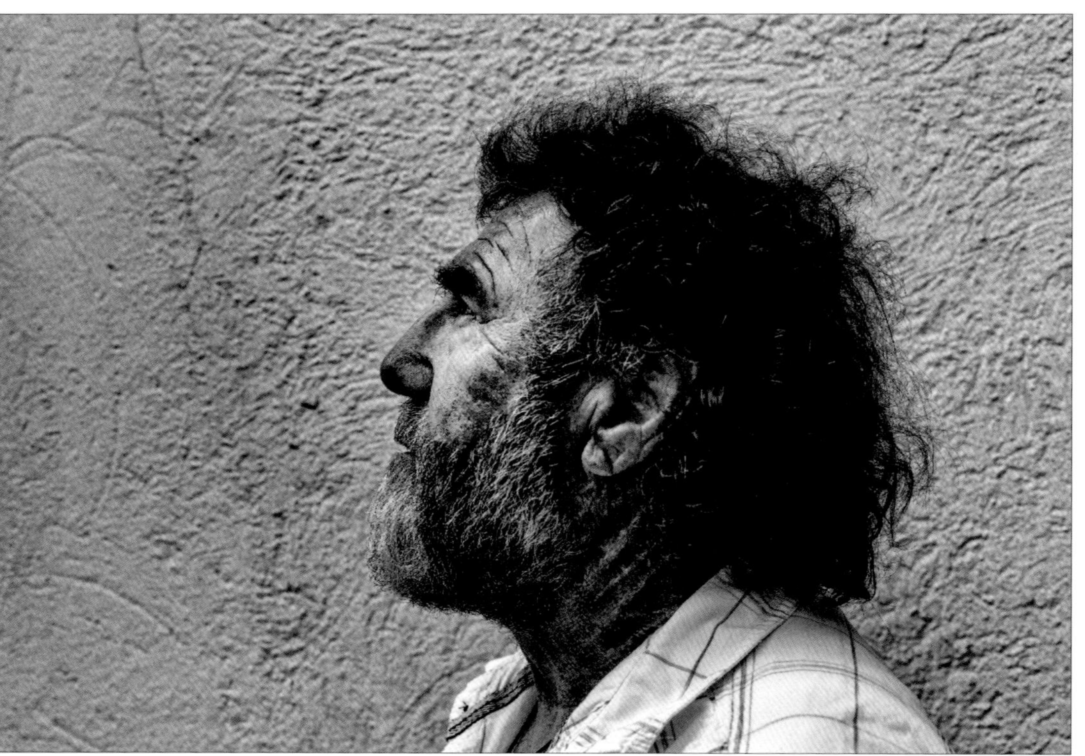

An dieser Stelle möchte ich jedoch erst einmal ein Interview mit dem Fotografen Robert Mertens einfügen, der nicht nur ein Buch zum Thema Kreativität in der Fotografie geschrieben hat, sondern auch Workshops zu diesem Thema anbietet. Er ist ein hervorragender Fotograf, der eine ganz spezielle Art und Weise entwickelt hat zu fotografieren und die Bilder nachzubearbeiten. Es ging natürlich um die Psychologie der Fotografie und ganz speziell um Kreativität.

Interview mit Robert Mertens: Kreativität in der Fotografie

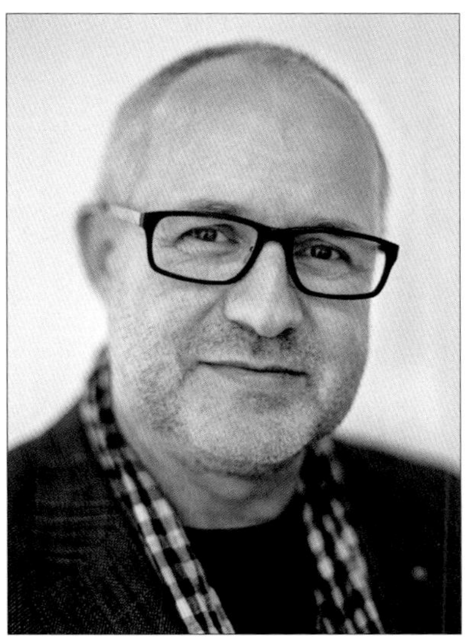

(Fotograf: Bernhard Müller)

Lieber Robert, ich danke dir sehr, dass du hier etwas zum Thema Kreativität beisteuerst. Du hast dich ja seit vielen Jahren sehr intensiv damit befasst und auch ein Buch darüber geschrieben. Wie bist du zur Fotografie gekommen?

Die kreative und künstlerische Fotografie begleitet mich bereits seit einigen Jahrzehnten. Dabei ging es mir ganz zu Beginn ausschließlich um eine dokumentarische, die Realität abbildende Fotografie. Das hat sich dann recht schnell verändert, als mir bewusst geworden ist, dass die Fotografie immer nur ein persönliches Abbild der individuellen Wahrnehmung sein kann – also eine Interpretation der Realität des Fotografen ist. Genau dadurch wurde sie für mich zu einem idealen Werkzeug, um Gefühle, Stimmungen, Gedanken und Ideen abzubilden. Das waren am Anfang analoge Experimente und Collagen, heute nimmt diese Rolle eine intensive digitale Bildbearbeitung ein.

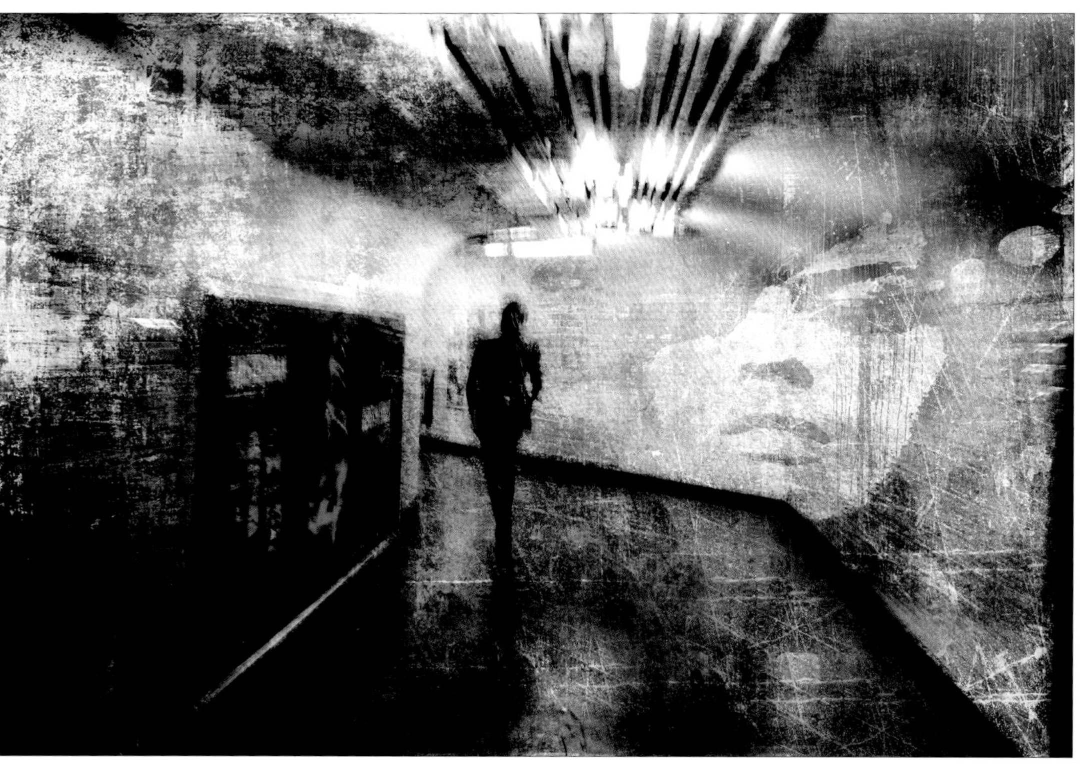

Was fällt dir zur Psychologie in der Fotografie ein? Hier geht es ja nicht nur darum, wie Bilder auf andere wirken, sondern auch darum, wie der Fotograf es schafft, sein Inneres nach außen zu bringen?

Zum einen ist natürlich eine achtsame und sensible Herangehensweise des Fotografen an sein Thema wichtig. Das Stichwort lautet: Einfühlungsvermögen. Als Fotograf muss es mir gelingen, eine Verbindung zum jeweiligen Thema herzustellen, ich muss mich in eine andere Person oder auch Situation hineinversetzen können, um so eine neue Sichtweise überhaupt erst zu ermöglichen. Zum anderen ist aber auch die Wirkung eines Bildes auf den Betrachter eng verbunden mit dem Thema Psychologie. Welche Gefühle und Reaktionen löst das Bild aus? Wieso wirkt ein Bild genau so auf uns und welche Faktoren sind dafür letztendlich entscheidend? So gesehen findet man das Thema Psychologie in der Fotografie auf Seiten der Fotografen und auf Seiten der Betrachter. Und genau diese unterschiedlichen Ausprägungen machen die Fotografie so spannend. Ein weiterer Aspekt, der die psychologische Seite der Fotografie tangiert, ist die Motivation des Fotografen. Seine Beweggründe zu fotografieren sind ganz entscheidende Faktoren und haben Einfluss darauf, wie das spätere Bild aussehen wird.

Was macht für dich ein gutes Porträt aus? Welche Rolle spielt Kreativität dabei?

Ein gutes Porträt lässt immer einen tieferen Blick zu und bleibt nicht an der »Oberfläche« des Menschen stehen. Der Betrachter erhält einen Einblick in das Wesen des Menschen und lernt diesen Menschen näher kennen – zum Beispiel seine Stärken, seine Schwächen, seine positiven oder auch negativen Seiten ebenso wie seine Vorlieben und Abneigungen. Und ein gutes Porträt erzählt immer auch etwas über die Geschichte des Menschen auf dem Bild und sein Befinden im Moment der Belichtung.

Eine meiner wichtigsten Fragen: Kann man das Wesen eines Menschen fotografisch abbilden? Ich habe hierzu schon ganz unterschiedliche Auffassungen gehört. Wie siehst du das?

Ich glaube schon. Allerdings nur dann, wenn der Fotograf es erkennen und verdichten kann – also auf den Punkt bringt – und die abgebildete Person es zulässt, Vertrauen hat und sich nicht verstellt. Es wird also nur dann wirklich funktionieren, wenn beide gemeinsam an einem gleichen Ziel arbeiten.

Was ist wichtiger für den fotografischen Prozess: Kopf (Analyse) oder Bauch (Emotion/ Intuition)?

Gegenfrage: *Was ist wichtiger für ein Bild, die kreative Idee oder die perfekte Technik?* Nun – ich glaube nicht, dass man diese Fragen wirklich entscheidend beantworten kann. Denn beide Faktoren (Kopf und Bauch ebenso wie Idee und Technik) benötigen sich gegenseitig, um ein wirklich gutes Bild zu erzeugen – und genau darum geht es ja im fotografischen Prozess. Es ist also immer die geschickte Verknüpfung beider Seiten, die ein überzeugendes Ergebnis hervorrufen wird – und gerade in meinen Workshops zur visuellen Kreativität versuche ich, meine Teilnehmer genau für dieses wichtige Zusammenspiel der beiden Seiten zu sensibilisieren, indem ich in verschiedenen Übungen die kreative Arbeit mit beiden Seiten immer wieder trainiere.

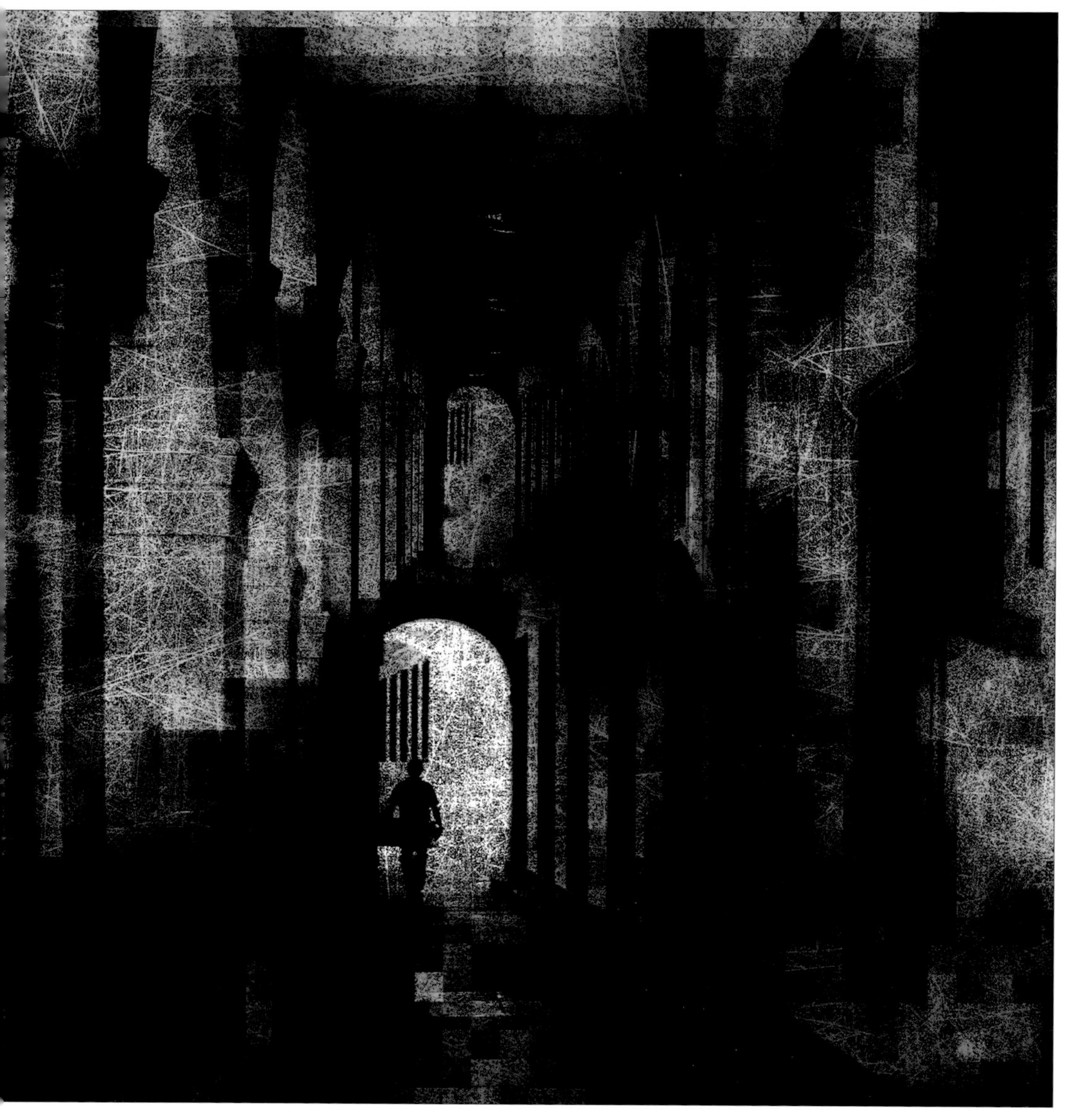

Was versteht man eigentlich unter »kreativ sein«? Und vor allem: Warum ist es so wichtig für die Fotografie?

Sehr vereinfacht, kann man sagen, ist »kreativ sein« das Kombinieren von etwas Bekanntem zu etwas Neuem. Dadurch ermöglicht uns die Kreativität eine neue Sichtweise. Übertragen auf die Fotografie könnte das zum Beispiel bedeuten, ein klassisches Motiv zu kombinieren mit der Technik einer langen Verschlusszeit. Heraus kommt ein Bild mit einer fast malerischen Anmutung. Kombiniere ich dieses Bild wiederum beispielsweise mit einem anderen Bild, verstärke ich dadurch den Effekt oder verändere die Aussage noch einmal ganz entscheidend und erzeuge eine vollkommen veränderte Sicht auf das ursprüngliche Motiv.

Viele Menschen glauben ja, bestimmte Eigenschaften und Fähigkeiten sind angeboren. Man ist kreativ oder eben nicht. Kann man lernen, kreativ zu fotografieren? Ich denke mal, du gehst davon aus, dass es erlernbar ist; wie vermittelst du das in deinen Workshops?

Ich denke, dass jeder von uns auf die eine oder andere Weise kreativ ist, und ebenso, dass es möglich ist, die persönliche Kreativität zu stärken, wenn es uns gelingt, wieder einen Zugang zu unserer Fantasie zu finden. Denn wenn wir auf der Suche nach neuen Ideen sind, benötigen wir eine gut funktionierende Vorstellungskraft, um eine Idee gedanklich zu visualisieren. Dabei muss ich mir das fertige Bild gar nicht in allen Einzelheiten vorstellen können, sondern vielmehr in der Lage sein, eine grobe Vorstellung von dem zu haben, was möglich sein könnte. Der Rest ist dann ein künstlerischer Prozess – oft verbunden mit vielen Experimenten –, der das fertige Bild entstehen lässt. In meinen Workshops gebe ich zahlreiche Impulse durch Übungen und Diskussionen. Dabei spreche ich unterschiedliche Kreativitätstechniken an, um jedem Teilnehmer ein geeignetes Werkzeug an die Hand zu geben.

Warum ist Kreativität so wichtig für das Fotografieren? Kann man nicht einfach nur die Realität abbilden?

Ohne Kreativität würden wir auf unseren alten Wegen bleiben und keine Veränderungen mehr zulassen. Dann kann aber auch keine Weiterentwicklung mehr stattfinden. Kreativität lässt Raum für eine neue Sicht und eröffnet uns die Möglichkeit, neue Wege einzuschlagen. Das macht es so überaus spannend und vielschichtig. Und auch die Porträtfotografie ist einem ständigen kreativen Wandel ausgesetzt. Durch kreative Innovationen haben sich neue Ideen in der Porträtfotografie etabliert. Es ist ein neuer Blick auf die Menschen entstanden, der noch vor einigen Jahrzehnten undenkbar gewesen wäre.

Meine vorletzte Frage, die darf natürlich nicht fehlen: Welches Equipment benutzt du? Warum dieses?

Ich arbeite mit einem sehr überschaubaren Equipment. Genauer gesagt, verwende ich in den meisten Fällen nur eine Leica M mit den Festbrennweiten 28 und 50 mm. Diese Kombination zwingt mich zur Entschleunigung und damit auch zu einer intensiveren Beschäftigung mit meinem Motiv, lässt mir aber gleichzeitig genug Raum für eine kreative und innovative Umsetzung.

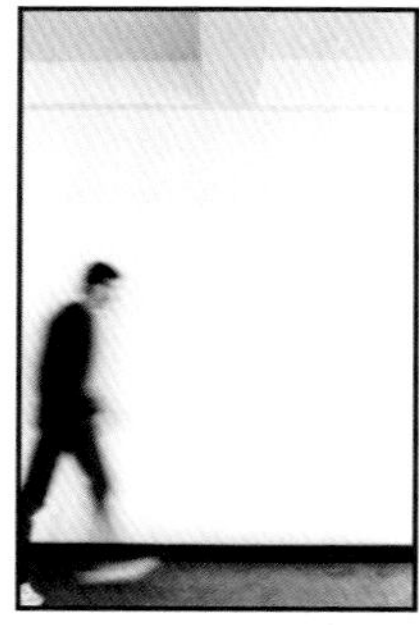 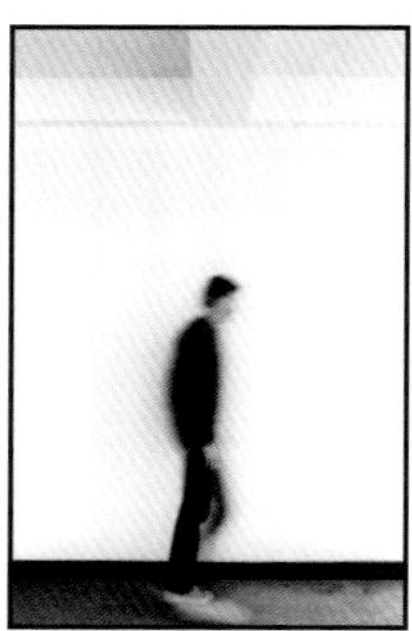 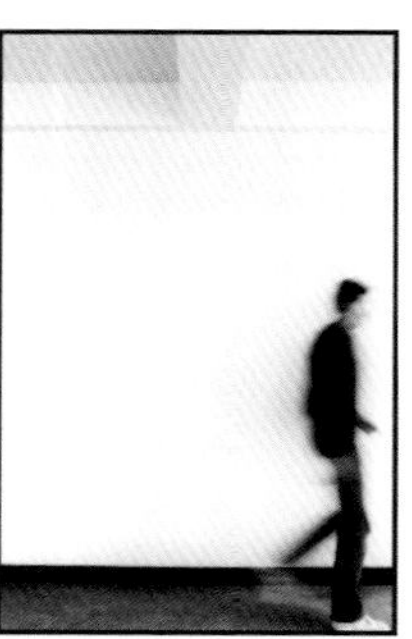 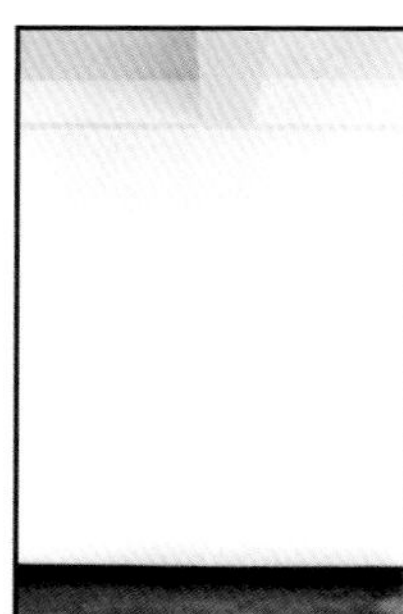

Wer sind deine Vorbilder und warum?

Das sind Künstler wie Duane Michals, Minor White, Man Ray, Jackson Pollock, Marc Rothko, William Turner und Marcel Duchamp. Alles Künstler, die neue Gedanken und Ideen in die Welt gesetzt haben und damit die bestehende Sichtweise auf die Kunst oder Fotografie entscheidend verändert beziehungsweise erweitert haben.

Lieber Robert, ich danke dir sehr für dieses Interview!

Fehlt da nicht noch etwas? Die Bedeutung der Kamera und Talent

»Ein Freund hatte das Foto gesehen und sich in mein Modell verliebt. Er wollte ihr unbedingt vorgestellt werden. Ich sagte zu ihm: Komm her, sie ist bei mir. Und ich zeigte ihm (...) das Mädchen. Es war ein Gipsabguss der Venus von Milo (...) Glauben Sie, dass der Fotoapparat das zu Wege gebracht hat?«[16]

(Man Ray)

»I try to avoid long preparations and sessions, as well as too much equipment. My best pictures usually come out of less complex technical situations.«[17]

(Till Brönner)

Was fehlt für den kreativen Prozess? Natürlich ein Werkzeug, mit dem wir uns ausdrücken können. Jetzt kommt die Kamera ins Spiel. Auch hier gilt es, die Erfahrung, die man mit einer guten Kamera hat, zu nutzen. Vor allem sollte die Kamera perfekt beherrscht werden und sie sollte sich durchaus an dem gewünschten fotografischen Prozess orientieren. Damit meine ich, dass sie zum Projekt passen muss und gleichzeitig den Fotografen inspiriert zu fotografieren. Viele Neukäufe dienen ja dem Zweck, sich zu motivieren, wieder mehr zu fotografieren, weil man glaubt, die neue Kamera würde das bewerkstelligen beziehungsweise man bräuchte ein neues Werkzeug, um seine Ideen besser ausdrücken zu können. Für den einen oder anderen Profifotografen mag das durchaus zutreffen. Neurobiologen konnten jedoch zeigen, dass die Kaufentscheidung primär mit der Aktivität im Nucleus accumbens zusammenhängt. Das ist eine Region im sogenannten emotionalen Gehirn, dem limbischen System, die primär bei Belohnungsprozessen aktiviert wird. Es sind also nicht die eher rationalen Areale wie der präfrontale Cortex (Stirnhirn), die aktiv sind, wenn wir etwas kaufen, sondern Hirnareale, die mit emotionalen Prozessen wie Belohnung oder Überwindung von Frustration zusammenhängen. Dies wirkt jedoch nur sehr kurzfristig. Denken wir an Schopenhauer: *Die unmittelbare Bedürfnisbefriedigung verschafft uns nur sehr kurz ein gutes Gefühl, danach entsteht wieder Leere oder Lange*weile – und damit Leid. Die unmittelbare Tätigkeit, also der fotografische Prozess an sich, hingegen wirkt sich auch langfristig positiv aus. Ab und zu ein anderes Medium, eine neue Kamera oder ein anderes Kameraformat zu nutzen, kann durchaus beleben und kreative Prozesse befördern. Entscheidend sind jedoch das richtige Maß und die Erfahrung. Der Fotograf macht das Foto, die Kamera ist nur das Medium. Wenn die Offenheit für Neues zu dominant wird und gleichzeitig Aspekte der Praxis, Achtsamkeit und Reflexion zu gering ausgeprägt sind, besteht die Gefahr der Oberflächlichkeit oder gar der Entwicklung von GAS (Gear Acquisition Syndrome). Die perfekte Beherrschung der Kamera, die Kenntnis darüber, wie sie mit dem entsprechenden Objektiv in bestimmten Lichtsituationen »reagiert«, sind dabei wichtig, während der Sensor, Features und andere technische Spielereien nicht unbedingt entscheidend sind. Henri Cartier-Bresson drückte das so aus:

> *»Die Kamera ist für uns ein Werkzeug und kein hübsches mechanisches Spielzeug. Es genügt, wenn wir uns mit einem Apparat wohlfühlen, der unseren speziellen Absichten entspricht. Die Bedienung der Kamera, der Blende, des Verschlusses usw. muss zu einer Reflexbewegung werden, wie das Schalten beim Autofahren.«*[18]

Ich arbeite inzwischen meist mit einer Leica oder einer Fuji. Und zwar nicht, weil ich glaube, dass diese Kameras anderen überlegen sind, und auch nicht, um damit anzugeben, sondern weil beide Apparate mich zwingen zu entschleunigen, mir die Haptik gefällt und auch das manuelle Fokussieren (bei der Leica). Ich kann so mehr Fokus auf die Komposition legen und komme selbst zur Ruhe. Ich möchte hingegen nicht unzählige Features auswendig lernen müssen und mich in technischen Details verlieren. Das gelingt mir persönlich mit diesen Kameras am besten. Außerdem bin ich sie einfach gewohnt, denn eine Leica war die erste analoge Kamera, die ich mir selbst angeschafft habe. Für einen Sportfotografen wäre eine Leica hingegen nichts – und natürlich hat jeder seine Vorlieben und sollte diese, sofern die finanziellen Mittel vorhanden sind, auch ausleben dürfen. Irgendwie sollten Sie Ihre Kamera auch mögen, aber keine zu hohe Anhaftung an sie haben (siehe hierzu das Kapitel zu GAS). Am besten geschieht das dadurch, dass Sie sie lange behalten und viele positive Erinnerungen damit verknüpfen.

Und was ist mit Talent?

»Ich weiß mit ziemlicher Sicherheit, dass ich keine speziellen Talente besitze. Neugier, Obsession und Ausdauer, kombiniert mit Selbstkritik sind die Quellen meiner Ideen.«

(Albert Einstein, aus dem Englischen übersetzt vom Autor)

In der Malerei und vielen anderen Kunstformen wird **Talent** als zentral angesehen. Allerdings gilt auch dies durchaus als umstritten, so behauptet zum Beispiel Chris Lonsdale in seinem TED Talk (*https://youtu.be/d0yGdNEWdn0*) nicht nur, dass man jede Sprache innerhalb von sechs Monaten gut erlernen kann, sondern auch, dass unter Anwendung bestimmter Regeln jede Person »zeichnen« lernen könne, und dies innerhalb von fünf Tagen. In der Fotografie gilt zudem das Talent als weniger bedeutsam, da die eigentliche Technik und Kompositionsregeln schnell erlernbar sind. Stattdessen geht es meiner Auffassung nach um die Perfektionierung von Achtsamkeit, Sehen, Ausdauer, Empathie, Enthusiasmus und Kreativität, Kreativität und nochmals Kreativität. Deshalb habe ich hier so viel Wert darauf gelegt zu erklären, was ich mit »kreativ sein« meine und welche Faktoren dabei wichtig sind, und gehe später auch etwas ausführlicher auf Intuition und Mindfulness ein. Künstlerisches Talent ist ein Konzept, bei dem unklar ist, was es eigentlich ist, und es ist sicher nicht angeboren. Genetisch angelegt sind eher Eigenschaften wie Vorstellungskraft, Geschwindigkeit des Denkens, Feinmotorik, Gehör, Offenheit für Neues, Verträglichkeit und Selbstkontrolle. Aber auch hier wirken immer Gene und Umwelt zusammen. Für Erfolg in der Fotografie reicht Talent allein nicht aus, stattdessen scheint vor allem Selbstkontrolle bedeutsam. In der bekannten Dunedin-Längsschnittstudie zeigte sich, dass Kinder mit höherer Selbstdisziplin später gesünder, psychisch stabiler und auch erfolgreicher waren. Selbstkontrolle hängt also nicht direkt mit Kreativität zusammen, sondern beeinflusst, ob die künstlerischen Leistungen auch publiziert, vertont oder ausgestellt werden. Wir benötigen also eine gewisse Disziplin, um erfolgreich kreativ zu sein und vor allem auch um Kreativität zu üben. Hierzu beschreibe ich nun einige Möglichkeiten.

Übungen zur Schulung der Kreativität

Die folgenden Übungen/Tipps sind dazu geeignet zu lernen, sich von alten Mustern zu lösen und die eigene Kreativität zu schulen. Wenn Sie Spaß daran haben, bauen Sie diese Übungen immer wieder einmal in den fotografischen Alltag ein.

Stimmung festhalten: Dokumentieren Sie vierzehn Tage lang Ihre Umgebung. Versuchen Sie dabei, ihre Stimmung einzufangen. Achten Sie nicht auf Technik oder Komposition, fotografieren Sie einfach aus dem Bauch heraus. Schauen Sie sich dann die Bilder an. Was fällt Ihnen auf?

Aufstehen dokumentieren: Machen Sie sieben Tage lang fünf Fotos unmittelbar beim beziehungswiese nach dem Aufstehen. Legen Sie den Fotoapparat neben das Bett. Dokumentieren Sie alles vom Aufstehen bis zum Weg ins Bad.

Perspektivwechsel: Nehmen Sie die Perspektive Ihres Kindes oder Ihres Haustiers ein. Sie können auch versuchen, die Perspektive einer bestimmten Person einzunehmen, beispielsweise die eines Migranten oder Obdachlosen. Wie sieht sie/er die Welt?

Out of Focus: Machen Sie immer wieder einmal Aufnahmen, in denen das Objekt eindeutig nicht im Fokus ist. Als Beispiel können Sie sich die Bücher»Slightly Out of Focus« von Robert Capa[19] und »Kreative Fotopraxis« von Robert Mertens[20] anschauen. Arbeiten Sie bewusst mit Bewegungsunschärfen, »verwackeln« Sie die Kamera oder wählen Sie zu langsame Verschlusszeiten usw. Experimentieren Sie damit.

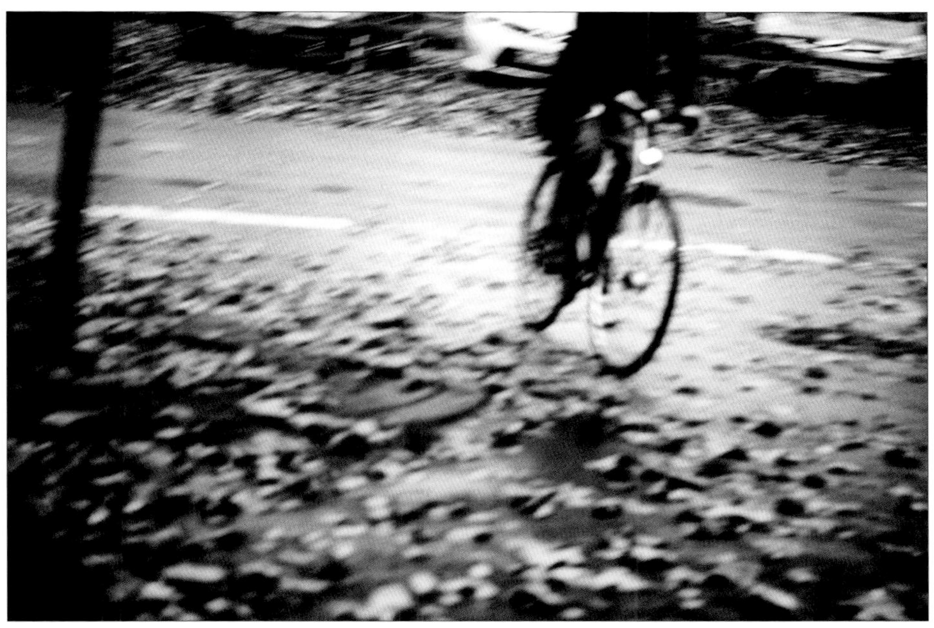

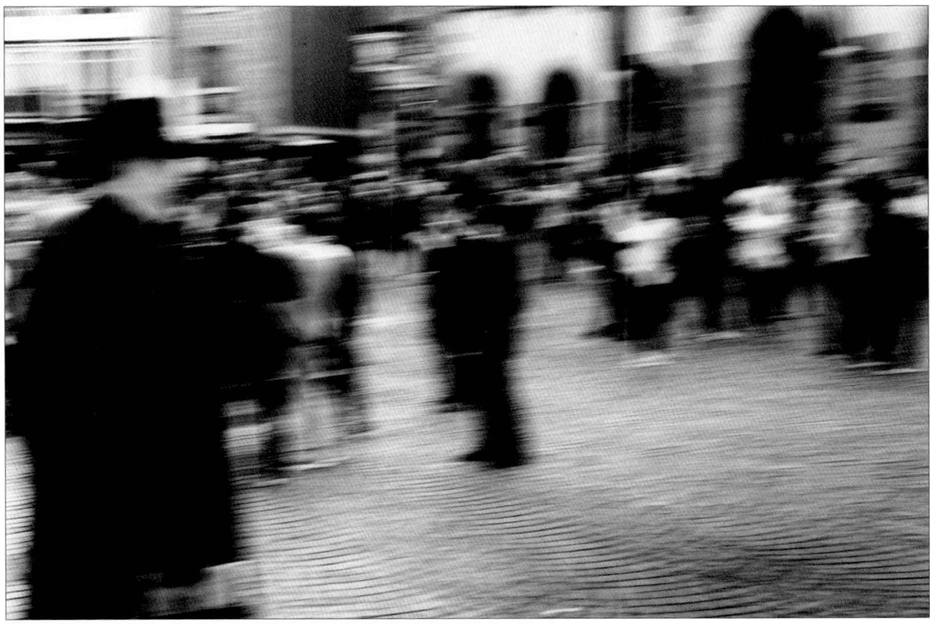

Fotografieren Sie Kontraste: Weißer Vordergrund vor schwarzem Hintergrund und umgekehrt. Oder arbeiten Sie mit komplementären Farbkontrasten (grünrot usw.).

Fotografieren/beobachten Sie das Licht: Arbeiten Sie mit verschiedenen Belichtungszeiten: Über- und unterbelichten Sie bewusst. Experimentieren Sie so lange, bis Sie verstanden haben, wie und was Licht bewirkt, und bis Sie sich auch technisch sicher fühlen, dies mit Ihrer Kamera abzubilden.

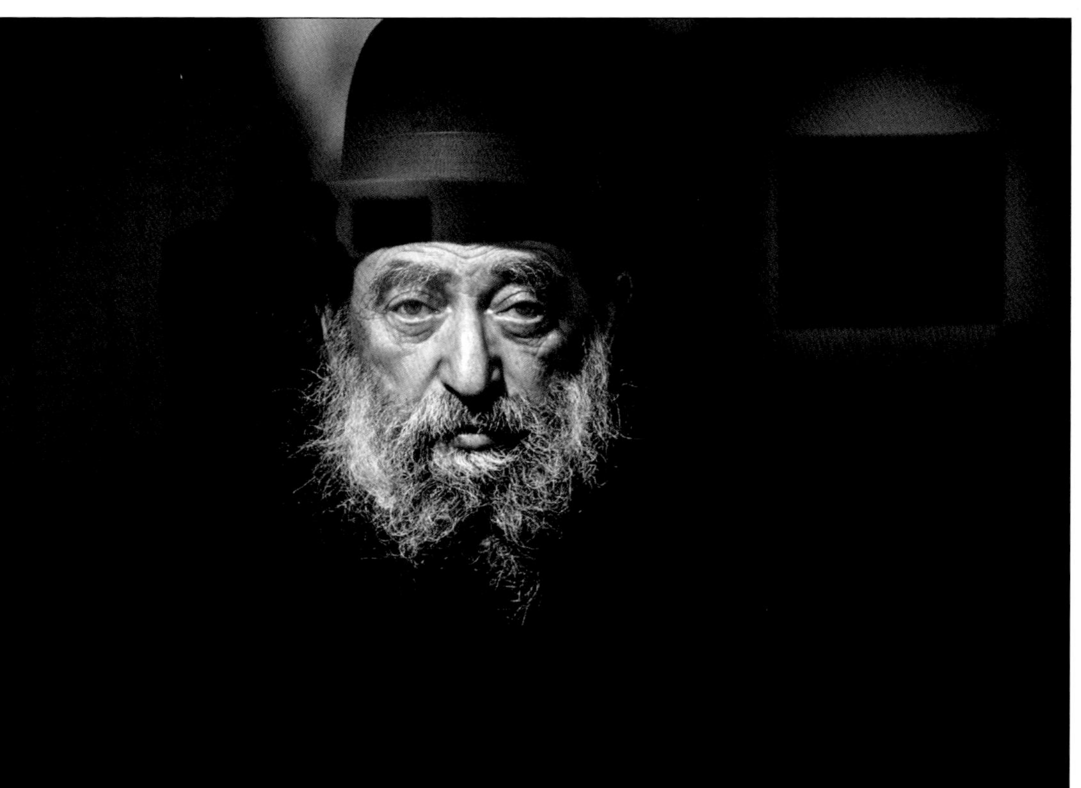

Reflexionen fotografieren: Fotografieren Sie Reflexionen, wo immer Sie diesen begegnen. Das obige Foto habe ich beispielsweise in der Schirn Kunsthalle (Frankfurt) aufgenommen, es stellt einen Rabbi dar, der von DiCorcia fotografiert worden war. Die Reflexionen verändern das Bild und erzeugen optische Besonderheiten, die eigentlich nicht möglich sind. Regentage sind jetzt Ihre Lieblingstage. Fotografieren Sie Regen. Nehmen Sie Fotos durch feuchte, verregnete oder einfach beschlagene Scheiben hindurch auf. Das folgende Foto zeigt ein Beispiel.

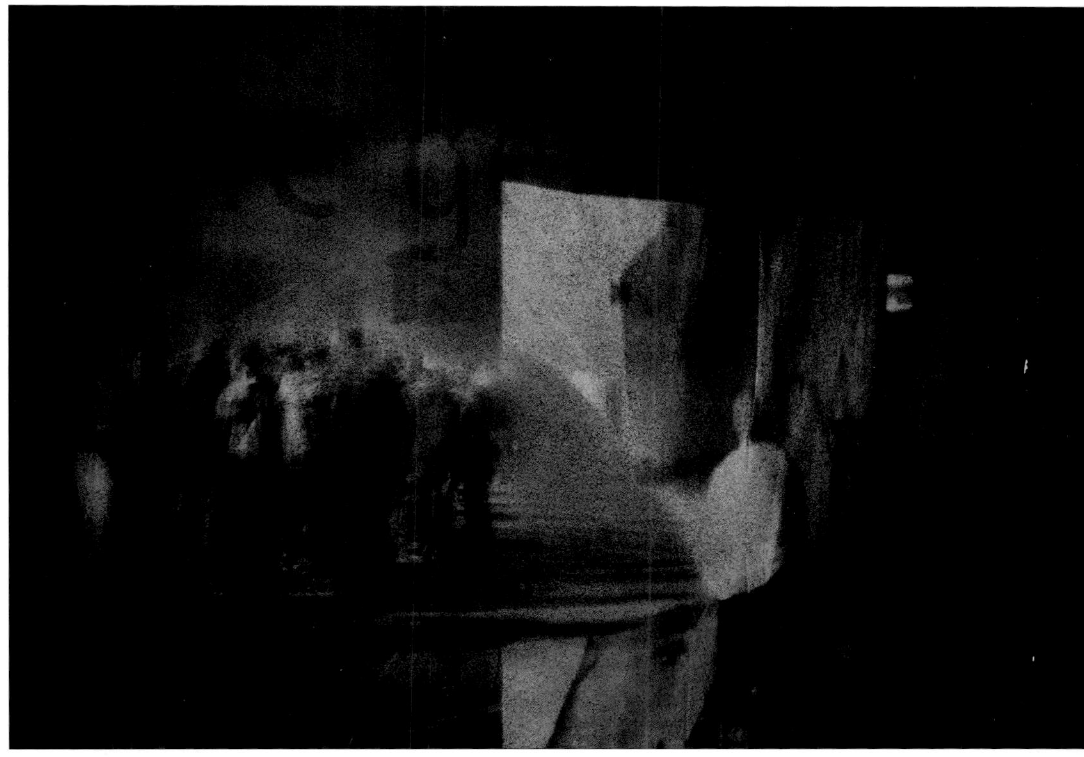

(Fotograf: Robert Mertens)

Wie denken Kreative? Studieren Sie zusätzlich zu den oben empfohlenen Büchern das Buch »Photography and the Art of Seeing« von Freeman Patterson.[21] Einige der aufgeführten Beispiele sind daraus entnommen. Besonders lesenswert sind die Seiten 33/34, in denen er beschreibt, wie traditionelle Fotografen im Vergleich zu denen mit eher kreativem Ansatz denken! Ein »Must-read«.

Querdenken: Denken Sie immer wieder mal quer. Stellen Sie sich Fragen. Ist das wirklich wahr? Brauche ich wirklich dies und jenes, um mich auszudrücken? Ein Bespiel: Aristoteles glaubte, dass schwere Objekte schneller fallen als leichtere. Über 2000 Jahre hielt sich dieser Glaube, obwohl es doch so leicht gewesen wäre, das Gegenteil zu beweisen. Offensichtlich klang das Ganze logisch und schließlich hatte ein Genie es behauptet! Erst Galileo machte den Test, um festzustellen, dass alle Objekte mit der gleichen Geschwindigkeit fallen, wenn man den Luftwiderstand außer Acht lässt. Er stellte also einen akzeptierten Satz in Frage und experimentierte, um seinen Zweifeln nachzugehen. Diese und andere Beispiele zu Denkfehlern sind im Buch der Autoren Edward Burger und Michael Starbird

»The 5 Elements of Effective Thinking«[22] beschrieben. Setzen Sie also absichtlich Kompositionsregeln außer Kraft. Muss der Horizont immer im unteren oder oberen Drittel liegen? Braucht es ein attraktives Objekt im Vordergrund, damit das Bild wirkt? Muss es klinisch scharf sein? Benötigt man tatsächlich die Auflösung x mal y, um große Ausdrucke anzufertigen? Decken Sie die Prinzipien auf, von denen Sie automatisch ausgehen, und hinterfragen Sie diese. Was passiert dann? Entstehen alternative Möglichkeiten? Aber tun Sie es bewusst. Im folgenden Selbstporträt habe ich ganz bewusst mit Licht und Perspektive gespielt, um dieses ungewöhnliche Porträt zu erstellen. Es sagt viel mehr über mich aus als ein gut belichtetes »beauty«-Bild.

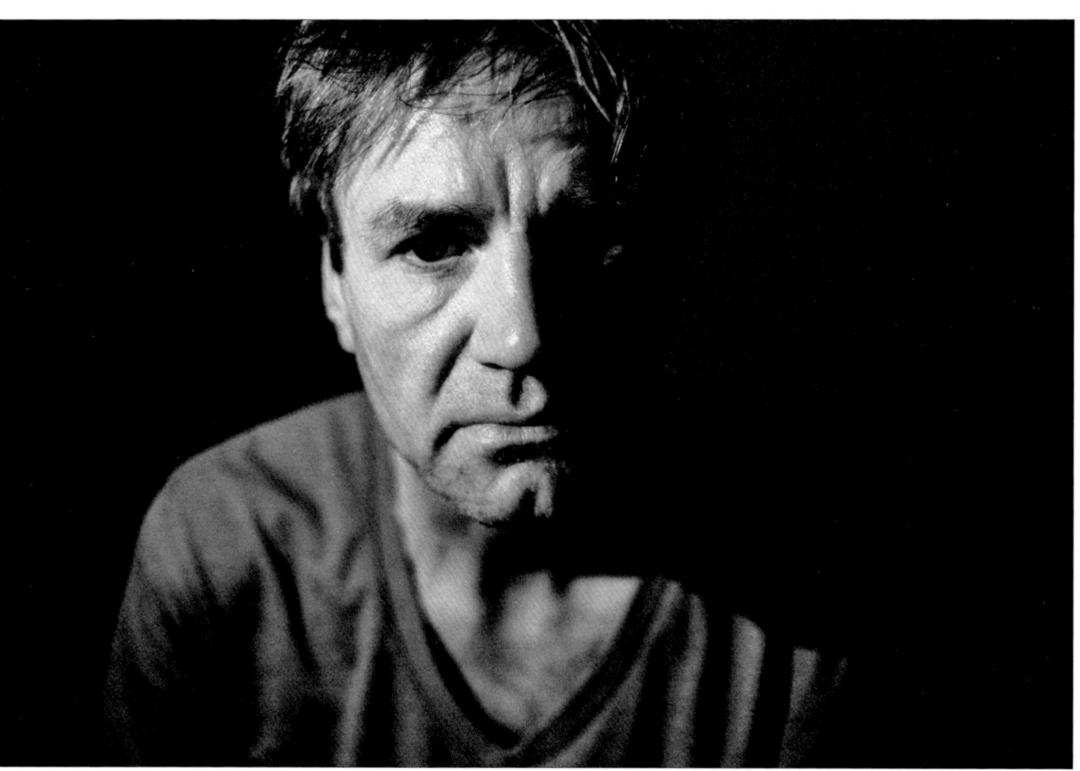

Die aus meiner Sicht wichtigsten Punkte zum Schluss

1. Planen Sie ein Projekt. Jedes Thema, das Ihnen Spaß macht oder Sie interessiert, ist erlaubt. Stellen Sie sich folgende Fragen: Wo will ich was fotografieren? Welches Equipment brauche ich? Brauche ich Zubehör? **Tipp:** Möglichst einfach: Eine Kamera, zwei Objektive für das gesamte Projekt! Weniger ist mehr: Es geht um Ihre Kreativität und dafür brauchen Sie nicht viel. Machen Sie sich bewusst frei! Führen Sie dann dieses Projekt über eine Zeit von sechs Monaten durch. Schauen Sie sich erst am Ende des Projekts die Fotografien an. Wählen Sie die zehn besten Fotos aus. Zeigen Sie anderen die Arbeiten mit einer kurzen Erläuterung zu Kontext und Absicht oder posten Sie sie in den entsprechenden Foren.

2. Trainieren Sie Ihre Achtsamkeit: Beschreiben Sie einen Ort ganz genau, trennen Sie nach Farben, Form, Bewegung, Geruch, Gesten usw. Fotografieren Sie den Ort danach. Versuchen Sie dabei, alle Sinneseindrücke zu berücksichtigen. Tun Sie dies immer wieder einmal. Das folgende Zitat drückt trefflich aus, was ich meine:

> *»The average person passes by many things that seem mundane and, therefore, are to be avoided. The one who stops and sees this object is not just the creator of the photo, but one who is enriched by many things overlooked by those desperately searching for photographs. They walk past these photographs unknowingly.«*
>
> *(Jay Maisel[23])*

3. Halten Sie es einfach! Beginnen Sie immer mit den Grundlagen, so lange, bis Sie diese wirklich verstanden haben. Trainieren Sie dann diese grundlegenden Fähigkeiten. Versuchen Sie also erst einmal das Zusammenspiel von Blende, Verschluss und Filmempfindlichkeit/ISO wirklich zu verstehen, bevor Sie weiterexperimentieren. Lesen Sie hierzu beispielsweise das Buch »Manuell belichten mit der Digitalkamera« von Sam Jost.[24] Sie sollten dieselben Dinge immer wieder trainieren, bevor Sie den nächsten Schritt gehen. Es gilt also: Einfacher ist besser! Psychologische Studien zeigen: Mindestens 18 Wiederholungen sind nötig, damit das Gedächtnis eine dauerhafte »Spur« anlegen kann. Um etwas wirklich zu beherrschen, braucht es meist deutlich mehr Wiederholungen. Jeder Sportler wird Ihnen das bestätigen. In seinem Buch »The Talent Code«[25] beschreibt der Autor Daniel Coyle, was neurobiologisch geschieht, wenn Sie auf die oben beschriebene Art und Weise üben. Offensichtlich bildet sich in den aktivierten

Netzwerken im Gehirn verstärkt Myelin heraus. Myelin ist, stark vereinfacht ausgedrückt, eine Art Schutz-Ummantelung der Axone (also der Verbindungen zwischen den Zellen). Wenn sich viel Myelin in bestimmten immer wieder trainierten Netzwerken bildet, dann laufen die entsprechend trainierten Prozesse schneller, zuverlässiger und subtiler ab, tragen also dazu bei, dass Sie bestimmte, selbst komplexe Handlungen ganz intuitiv ausführen können. Ohne Übung auf die oben beschriebene Art und Weise gelingt dies nicht oder eben nur teilweise. Reine Wiederholungen und Routinen bewirken keine Myelinbildung. Aus Fehlern lernen, ein gewisses Ausmaß an Achtsamkeit und Konzentration und kreatives Herangehen sind dagegen optimal für Lernprozesse.

Der Kreativ-Workshop: Wenn Gefühle verrückt spielen

»Über Borderline sollte man wissen, dass es einfach höchst emotionale Menschen sind. Dass es schwer ist, wenn man so intensive Emotionen empfindet, das auch zu kontrollieren. Und wenn das jemand wirklich mal geschafft hat, dass das wirklich ein Kampf war und dass das von einer großen Stärke zeugt. Und dass diese Emotionalität auch einfach ganz viel Empathie mit sich bringt.«

Was wäre ein Beitrag zu Kreativität, ohne selbst die Ergebnisse eines kreativen Projekts zu zeigen? Ich möchte deshalb die Ergebnisse eines Kreativ-Workshops mit dem Thema: *»Hoffnung gibt es immer: Eine Auseinandersetzung mit der Borderline-Störung«* vorstellen. Diesen Workshop habe ich mit meinen Studentinnen durchgeführt. Das Ziel bestand darin, eine kreative Auseinandersetzung mit der Borderline-Störung unter Verwendung fotografischer Mittel zu bewerkstelligen. Anstatt meine Studenten lediglich mit Lehrbuchwissen zu konfrontieren, sollten sie mit Hilfe der Fotografie die Persönlichkeit und Störungssymptomatik dieser Patientinnen selbst erkunden und dokumentieren. Borderline-Patienten leiden unter heftigen Stimmungsschwankungen. Sie wurden als Kind oder Jugendliche oft traumatisiert und neigen dazu, ihre Emotionen über Selbstverletzungen in den Griff zu bekommen. Diese Patienten leiden schlimmste Qualen, fallen in tiefe Depressionen, fühlen Leere und haben Angst vor dem Verlassenwerden. Sie sind aber auch kreativ, lebenszugewandt und sehr lebendig. Alle Studentinnen hatten kaum Erfahrungen mit der Fotografie und wussten wenig über diese Erkrankung. Wichtig war mir, dass während der gesamten Vorbereitungsphase und auch später ein *balanciertes Verhältnis zwischen Kopf (Information, Wissen) und Bauch*

(Intuition, emotionales Erleben) bestand (siehe hierzu auch das nächste Kapitel: »Kopf versus Bauch«). Die »richtige« Kamera für das Projekt war eine Systemkamera, die mehr Intimität ermöglichte, aber auch über eine sehr gute Bildqualität verfügen musste, denn wir wollten mindestens 40 x 60 cm groß drucken. In unserem Fall waren das eine Fuji XT-1 und eine Leica-Monochrom. Letztere, inklusive Objektiv (Macro-Elmar 90 mm), wurde uns durch die Leica AG zur Verfügung gestellt. Mein ganz besonderer Dank gilt hier Dr. Andreas Kaufmann, dem eine kurze Beschreibung des Projekts ausreichte, um es zu unterstützen, ohne irgendwelche Gegenleistungen dafür zu erwarten.

Wir wollten zeigen, was Frauen mit Borderline wirklich ausmacht, was hinter dieser »Störung« steckt. Dazu trafen wir uns mit zwölf Patienten in ihrem Umfeld, ihrer Wohnung und ihrem Lieblingsort. Außerdem fotografierten wir sie im Studio. Die Fotografien stellen das dar, was meine Studentinnen und ich fühlten, während wir fotografierten. Wir sahen junge Frauen voller Hoffnung und Verzweiflung, Kreativität und Offenheit. Ein Wechselspiel aus Lebenslust und Todeswunsch, Leere und Überfülle. Das folgende Porträt, aufgenommen von meinen Studentinnen Anna Sawall und Theresa Nickel, spiegelt dies wider. Es zeigt die Intensität dieser Persönlichkeit. Es wurde im Studio mit Akku-Blitzgenerator und zwei Blitzen aufgenommen. Die Lichteinstellungen hatte ich vorher mit den Studentinnen trainiert. Die Studentinnen hatten keine Vorerfahrungen in der Porträtfotografie und schon gar nicht bezüglich des Arbeitens mit Blitz! Sie erhielten im Rahmen des Workshops eine Basisausbildung in Kommunikation, Fotografie und Kreativität. Außerdem habe ich ihnen die wesentlichsten Charakteristika der Borderline-Störung erklärt. Alle Fotos wurden durch die Patienten für Ausstellungen und Bücher freigegeben, wofür ich mich auch an dieser Stelle herzlich bedanke. Ich bewundere ihren Mut!

Ritzen und schweres Schneiden dienen meist dem Spannungsabbau, die Patientinnen versuchen darüber, ihren extremen Emotionen Ausdruck zu verleihen, sich wieder zu spüren:

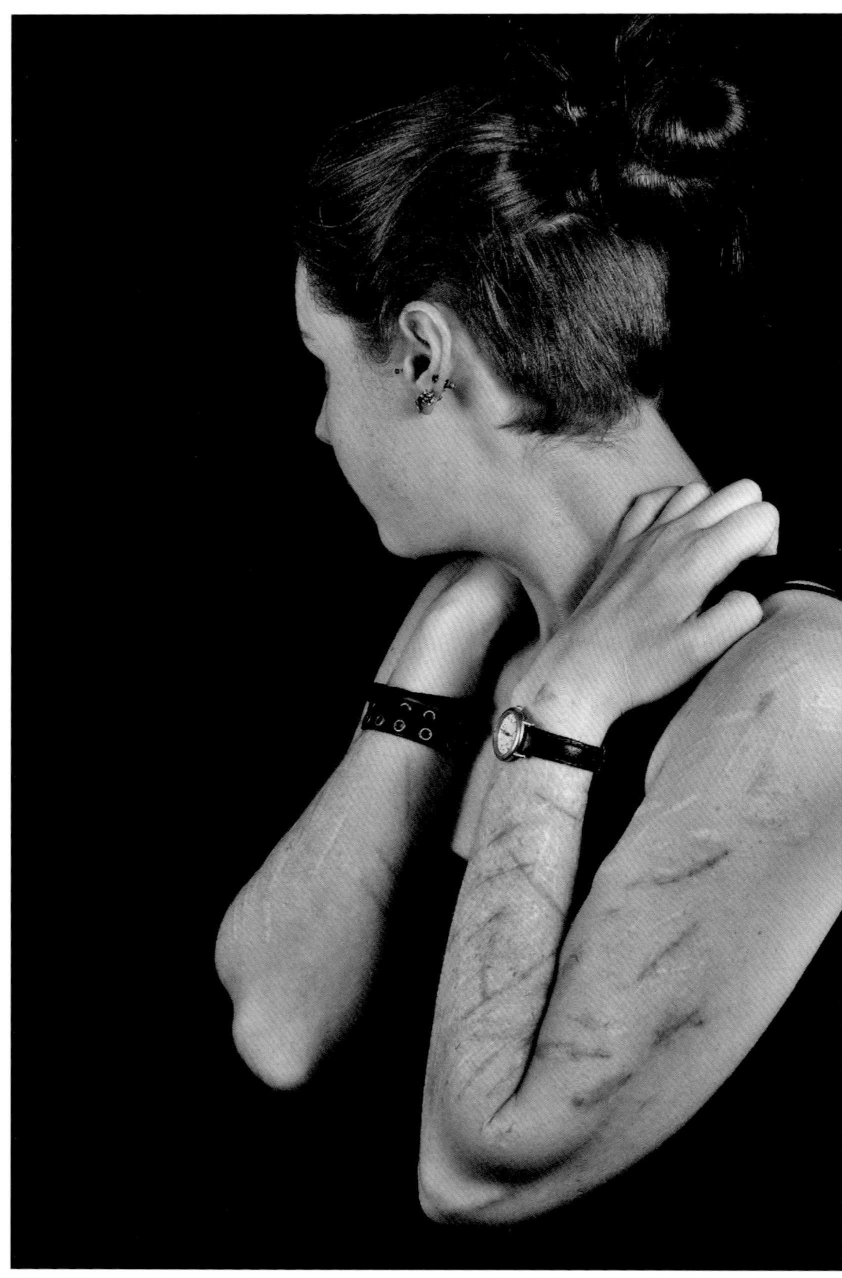

»Und dann bin ich mir wieder selbst so fremd und fühle mich gar nicht mehr und dann kriege ich Panik, dass ich mich verliere, dann muss ich mich aufschneiden.«

Der Wechsel zwischen Leere und Lebensmut, Offenheit und Rückzug ist oft belastend. Dieses Porträt habe ich am Ende der Sitzung, draußen in der Heidelberger Innenstadt aufgenommen. Hier herrschte bereits eine sehr vertrauensvolle Atmosphäre. Deutlich wird dies durch die entspannten, fast fragilen Gesichtszüge und den offenen Blick, der einiges über das Model aussagt.

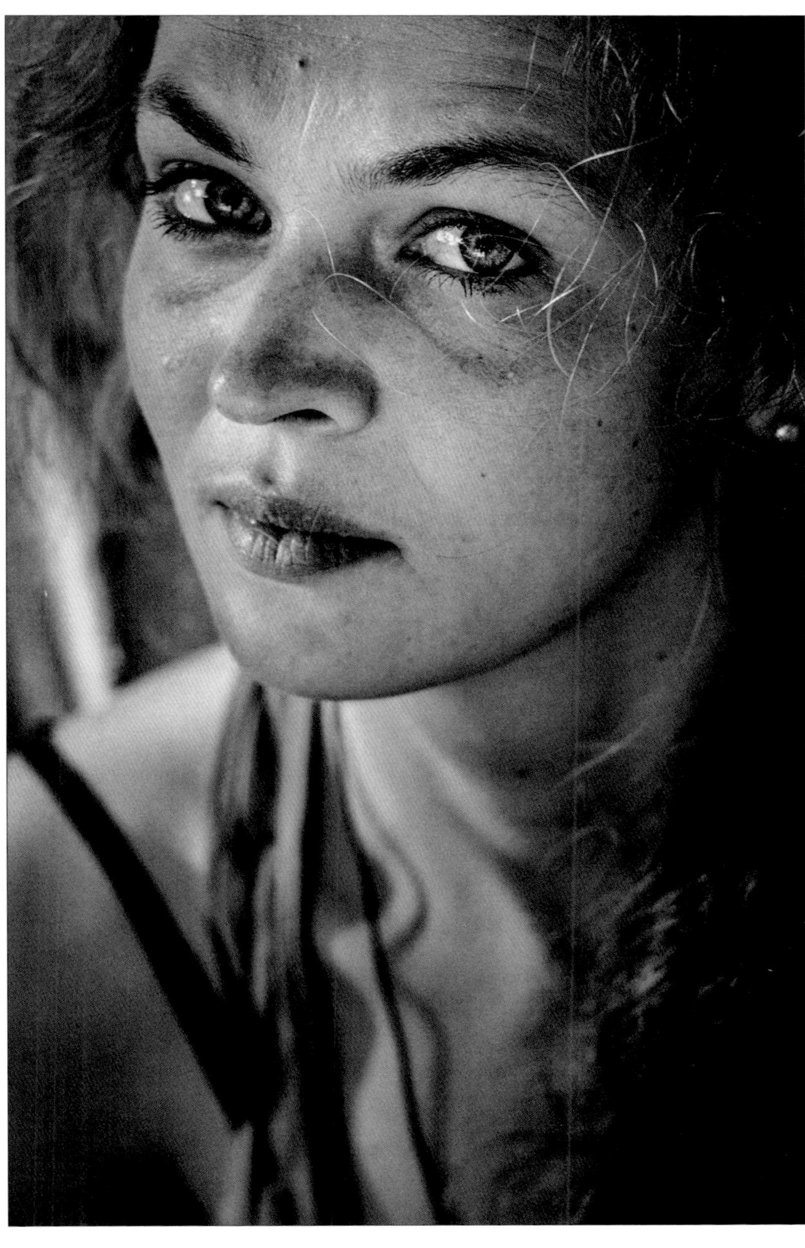

In Phasen tiefer Verzweiflung erleben die Patientinnen ein Gefühl des »Losgelöstseins«, sie spüren weder sich noch nehmen sie die Umwelt wahr. Stattdessen erleben sie ein verändertes Zeit- und Raumgefühl, die Gedanken sind nicht fassbar und der Körper ist starr. Das kann zu starken Krämpfen führen, die einem epileptischen Anfall ähnlich sind. Bei diesem Porträt hatte ich mich mit der Borderline-Patientin an ihrem Lieblingsort verabredet. Nach und nach wurde mir klar, dass ich bei ihr besonders den Aspekt des gelegentlichen Abdriftens darstellen wollte. Damit meine ich, dass die Patientin ab und zu in einen emotionalen Zustand gelangt, den wir Dissoziation nennen und der mit einer Abspaltung des Gefühlslebens einhergeht. Es ist ein wenig so, als ob man alles durch Nebel sähe.

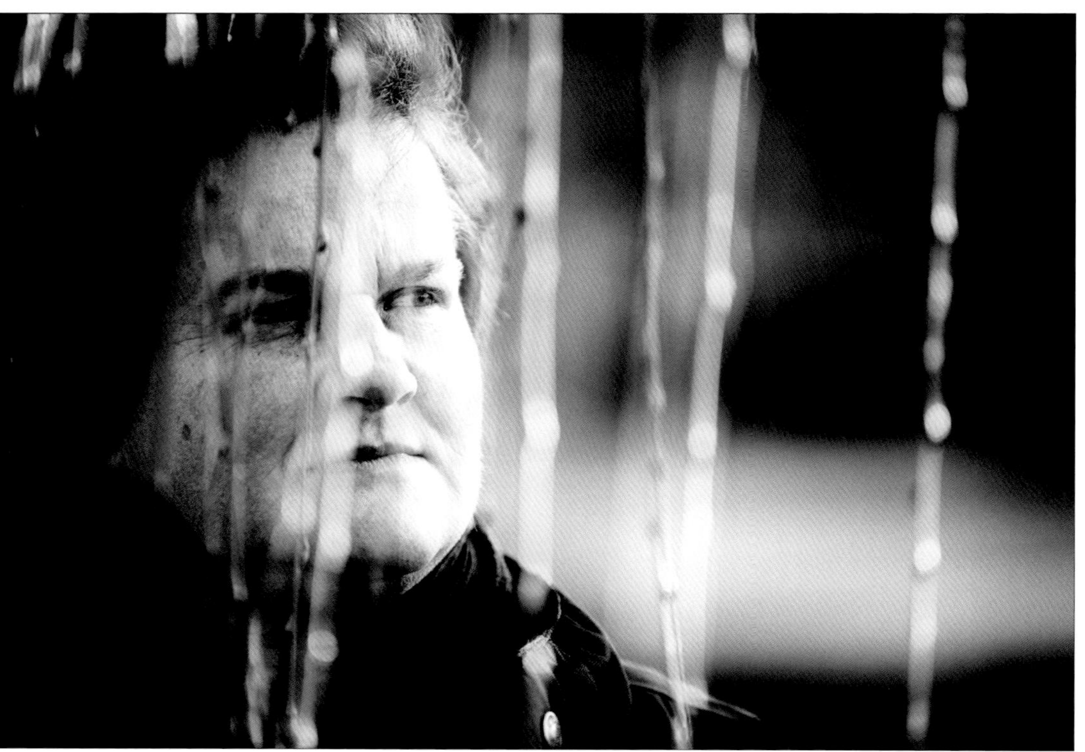

»Mit die größten Abenteuer habe ich in der Fantasie erlebt.«

Ein weiteres Merkmal ist, dass das Selbstbild und die eigene Identität oft fragmentiert (das heißt, nicht im Zusammenhang stehend) und sehr zerbrechlich, fragil sind. Aufgenommen im Studio mit einer großen Softbox, die Glasscheibe wurde mit Sprüher befeuchtet.

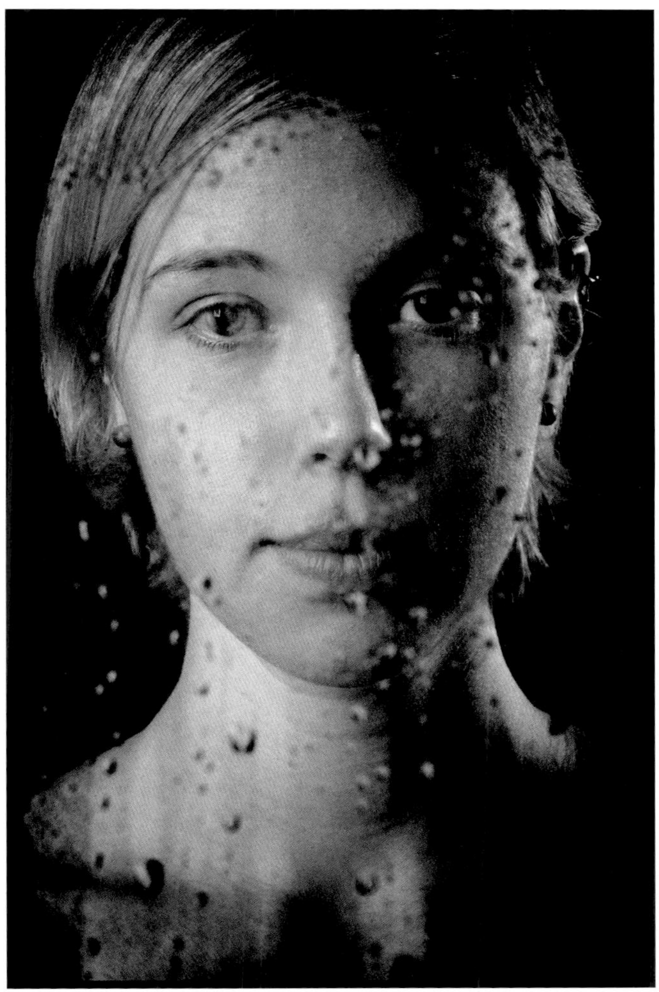

»Wenn der Sturm losbricht, verstummen die einen vor Schrecken und die anderen breiten ihre Flügel aus und fliegen. Ich habe ständig das Gefühl, irgendwelche Stürme brechen los oder irgendetwas kippt zusammen. Dieses Losfliegen trifft das Gefühl, wenn ich dann etwas tue oder versuche, etwas anders zu machen als bisher.«

Weitere Informationen zu diesem Projekt und weitere Fotografien finden sich im Leica Fotografie International (LFI) Blog unter: *https://lfi-online.de/ceemes/de/blog/*.

Kapitel 6

Kopf versus Bauch

»Freilich können Wissen und Denken überbetont werden. Eignet man sich Lehren und Gesetze nur theoretisch an, besitzt man bloß intellektuelles Wissen.«[26]

Die Technisierung und Ökonomisierung unseres Weltbildes in den westlichen Industrienationen hat zu einem Primat des Rationalen geführt. Das ist auch in der Fotografie zu beobachten. Schaut man sich einmal die einzelnen Foren und Blogs im Internet an, so geht es meist um die Technik. Es wird so ziemlich alles gemessen, was sich irgendwie messen lässt, und der Fokus liegt auf den technischen Features. Im Gegensatz dazu berichtet zum Beispiel der Landschaftsfotograf und mehrfache Preisträger Mark Seawell (*http://msphotoworld.com*), dass er mit einer Panasonic GH2 (Micro-Four-Thirds-Kamera) arbeitet. Er betont jedoch, wie wichtig es ist, erst einmal die Kamera wirklich zu verstehen und ihre Möglichkeiten auszunutzen. Der bekannte Fotograf und Lehrer Harald Mante wettete immer zu Semesterbeginn mit den Studierenden, wer wohl die einfachste und billigste Ausrüstung besitzt. In der Regel gewann er mit seiner alten Minolta und einem Tamron-Zoom. Seine legendären Bildserien hat er übrigens im Automatik-Modus geschossen. Sein Kommentar: »A steht für Automatik, nicht Amateur.« Auch Ansel Adams hat immer wieder kritisiert, dass seine Schüler die Möglichkeiten und Eigenschaften der benutzten Objektive nicht wirklich verinnerlicht hatten. Offensichtlich halten wir viel von den Meinungen der Tester und weniger von unserem Bauchgefühl, das uns vielleicht zuflüstert: Das brauchst Du eigentlich alles gar nicht, gehe einfach nur fotografieren und nutze, was du hast! Sei kreativ! Der bekannte Blogger und Fotograf Zack Arias hat ein schönes Video hierzu gedreht: »More signal, less noise!« (https://youtu.be/z65jlY4e908). Da bringt er es wunderbar auf den Punkt, um später einen Artikel über Equipment zu schreiben und dabei ausufernde Listen zu erstellen, was man wofür alles benötigt. Nicht immer hilfreich sind auch die DX-Sensor-Rangreihen. Diese DX-Werte haben inzwischen für einige Fotografen fast schon etwas Religiöses.

Keine Kaufentscheidung ohne DX. Dabei ist die sogenannte Shooting-Disziplin und Verschlusszeit wichtiger für die Schärfe eines Bildes als die reine Auflösung des Sensors. Wie stark die Verluste beim Arbeiten ohne Stativ sind, zeigt beispielsweise die folgende Tabelle, die ich dem Buch »Image Clarity«[27] entnommen habe:

Zusammenhang Sensorauflösung und Verschlusszeit

1/15	1/30	1/60	1/125	1/250	1/500	1/1000	Max RP
7	15	25	34	38	39.5	39.9	40
7	16	30	53	78	93	98	100

In der oberen Zeile sind die jeweiligen Verschlusszeiten dargestellt, 1/15 bis 1/1000. Die letzte Spalte bezieht sich auf die maximale Auflösung des Sensors (Max RP). Das heißt, der Sensor mit Max RP = 100 löst mindestens doppelt so gut auf wie der Sensor mit Max RP = 40 (genaue Informationen im oben genannten Buch). In der Zeile darunter sieht man, wie hoch die Auflösung bei gegebener Verschlusszeit ist. Bis zu einer Verschlusszeit von 1/60 ist die Sensorauflösung relativ egal, ab 1/125 schöpft man die Möglichkeiten des niedriger auflösenden Sensors nahezu aus, während der hoch auflösende immer noch nur zu 50 Prozent genutzt wird. Ein hoch auflösender Sensor sollte also immer mit Stativ oder eben mit einer Verschlusszeit von 1/500 genutzt werden, um die maximale Auflösung auch auszunutzen. Schaut man sich entsprechende Foren an, so sind solch hohe Verschlusszeiten eher selten. Die Mühe, nur mit dem Stativ zu fotografieren, machen sich in der Regel aber nur wirkliche Profis oder Hardcore-Enthusiasten. Für diese ist dann ja vielleicht auch die entsprechende Kamera sinnvoll. Ich möchte nun hier keine generelle Debatte über Sinn und Unsinn der Sensorauflösung beginnen, aber doch darauf hinweisen, dass viele Faktoren entscheidend sind und die meisten Amateurfotografen wohl mit einem Sensor, der mehr als 16 Megapixel auflöst, überfordert wären. Das ist jedoch meine ganz persönliche Meinung!

Nichtsdestotrotz, wie kaum in einer anderen Branche wirkt sich die Technisierung der Fotografie auf das Kaufverhalten aus. Wir folgen wie die Schafe den Wünschen des Marktes. Mit der neusten Technik ausgerüstet, machen wir uns auf die Jagd, vielleicht manchmal ohne zu wissen, was wir eigentlich jagen wollen. Letzte Woche lauschte ich der Beratung einer Dame in einem großen Technikmarkt, die eine Fuji X-Pro1 kaufen wollte. Sie fand die Kamera schön (Bauch) und hatte wohl Gutes darüber gehört, das reichte ihr. Der Verkäufer erklärte ihr erst einmal, dass diese Kamera absolut überholt (veraltet) sei, nur noch arme Studenten würden sie kaufen, und es gäbe inzwischen viel bessere Kameras. Dabei interessierte es ihn keinesfalls, wofür die Kamera eigentlich benötigt wurde. Absurd, oder? Wir wählen das technisch Beste und Neuste aus, basta. Eine zwei Jahre alte Kamera ist überholt und alt und muss ersetzt werden. Wahrscheinlich haben wir jedoch die Möglichkeiten dieser Kamera noch nicht einmal zu 50 Prozent ausgeschöpft. Ich arbeite deshalb auch so gern mit Fotografinnen zusammen, weil ihnen meiner Erfahrung nach die Technik meist nicht so wichtig ist und sie sich eher auf die Intuition verlassen.

Für den fotografischen Prozess inklusive guter Fotografien braucht es keine überzogene Technik, sondern Herz und Hirn! Dies hat mich zum Untertitel des Buches gebracht: *Kopf versus Bauch*. Ich greife damit Ideen des Nobelpreisträgers Daniel Kahnemann auf, der in seinem Buch »Schnelles Denken, langsames Denken«[28] eindrucksvoll belegt, dass Entscheidungen und Verhalten zwar maßgeblich durch Hirn und Herz bestimmt werden, aber das sogenannte Bauchgefühl häufiger auf Entscheidungen Einfluss nimmt, als wir denken oder es uns lieb ist. Er unterscheidet zwei Systeme: Das **System 1 ist das emotionale System** (»Bauch«). Es beinhaltet tiefer im Gehirn gelegene Strukturen, wie den Hippocampus, der unter anderem für Gedächtnisprozesse und emotionale Erinnerungen verantwortlich ist, den Mandelkern (Amygdala), der bei allen emotionalen Reaktionen ganz entscheidend ist, und das Belohnungssystem (Nucleus accumbens). Handlungen, die auf dem Bauchgefühl beruhen, verlaufen rasch und intuitiv und beziehen sich auf eigene, vor allem *emotionale Erinnerungen*. Das System 2 ist das **geistige, kognitive System** (»Kopf«). Es beinhaltet die sogenannten geistigen Prozesse und ist im Stirnhirn angesiedelt. Hierzu gehört unter anderem der präfrontale Cortex. Dort werden Informationen gründlich analysiert, was Zeit erfordert und eher langsam abläuft. Zudem werden eine Vielzahl geistiger Prozesse (Gedächtnis, Aufmerksamkeit, Abstraktion) benötigt.

Es wird oft davon ausgegangen, dass Entscheidungen, die auf das KOPF-System zurückgehen, denjenigen, die eher auf dem BAUCH-System basieren, vorzuziehen sind. Allerdings ist dies keinesfalls immer so. Reine KOPF-Entscheidungen können fehleranfällig sein, vor allem wenn viele Informationen berücksichtigt werden müssen, zum Beispiel wer, was und wie soll mit welcher Kamera fotografiert werden? Außerdem sollte man nicht zu lange nachdenken, wenn es schnell gehen muss. Zumal verbrauchen reine KOPF-Entscheidungen geistige Ressourcen, die uns nicht unbegrenzt zur Verfügung stehen. Selbst-Erschöpfung (Ego-Depletion), ein Konzept, das der Sozialpsychologe Roy Baumeister[13] entwickelt und untersucht hat, kann Folge einer zu starken Fokussierung auf den reinen Verstand sein. Ego-Depletion bedeutet, dass wir nach jeder anspruchsvollen Aufgabe weniger geistige Ressourcen für die nächste Aufgabe zur Verfügung haben. Das bewirkt ohne zwischenzeitliche Regeneration eine Erschöpfungsreaktion oder führt zum

Schwinden von Enthusiasmus und Motivation. Die Folge für den betroffenen Fotografen könnte sein, dass wenig kreative Fotografien erzeugt werden und zu stark auf technische Konzepte geachtet wird. Zumal stellt sich die Frage, ob ein solcher Fotograf nicht ein höheres Risiko aufweist, irgendwann auszubrennen, weil das Emotionale und damit auch die Begeisterung zu kurz kommen. *Wer zu viel denkt, verlernt zu fühlen.*

Andererseits kann ein zu starker Fokus auf das emotionale BAUCH-System ebenso problematisch sein, wenn stattdessen eine gründlichere Analyse nötig wäre. Dies kann beispielsweise bei der Vorbereitung eines Shootings wichtig sein, aber auch im Umgang mit anderen Menschen. Das BAUCH-System ist zudem anfällig für Wahrnehmungsverzerrungen, denn ich sehe nur das, was ICH fühle. Beispielsweise wird das Model nun zu stark emotionalisiert und die Situation dramatisiert, oder es entstehen Spannungen während des fotografischen Prozesses, weil die Situation zu stark emotional aufgeladen ist. Ein typisches Problem ist auch, dass die eigenen Fotografien emotionalisiert werden. Der Fotograf »verliebt« sich in die eigenen Bilder (oder in seine Kamera). Eine etwas kritischere Analyse oder die reine Beschreibung dieser Fotografien (oder die Einsicht, dass eine Kamera nur ein Werkzeug der eigenen Kreativität ist) würde zu einer deutlich objektiveren Einschätzung der eigenen Leistung führen.

Wir sehen also, dass über viele Situationen hinweg vor allem ein ausgeglichenes Verhältnis beider Systeme KOPF-BAUCH, Hirn und Herz) hilfreich ist. Dies gilt generell und auch, vermute ich (ohne es beweisen zu können), für den fotografischen Prozess. Die folgende Abbildung veranschaulicht das Zusammenspiel beider Systeme: Auf die Balance kommt es an.

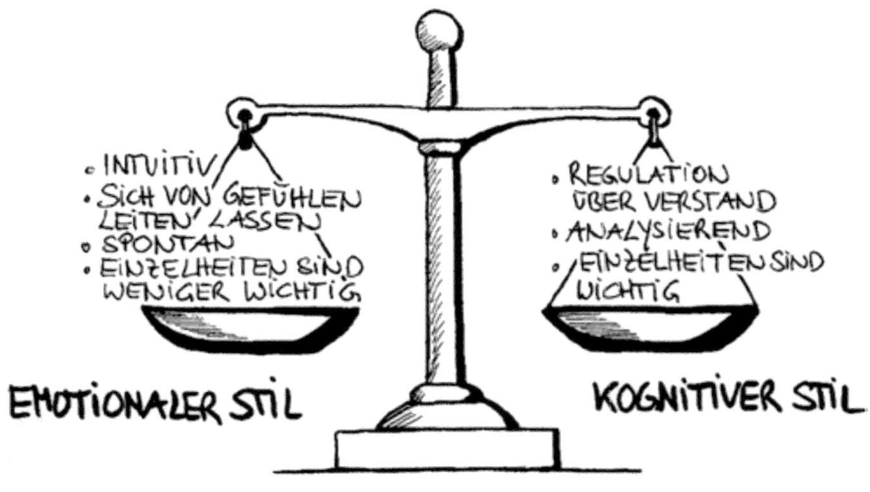

Wenn Sie möchten, können Sie anhand der folgenden acht Fragen prüfen, ob sie eher ein KOPF- oder eher BAUCH-Fotograf sind. Beantworten Sie jede Frage, ohne lange zu überlegen.

Bauch oder Kopf?	Eher ja	Eher nein
1. Ich informiere mich häufig im Internet über die neuste Technik und lese viele Tests.	1	0
2. Ich neige dazu, immer das Beste und Neuste zum Fotografieren zu benutzen.	1	0
3. Ich fotografiere meist ohne zu planen, lasse mich gern treiben.	1	0
4. Ich plane meine Shootings und Projekte meist ganz genau.	1	0
5. Technik und Kameraausrüstung sind eher zweitrangig für mich.	1	0
6. Gefühle stören den fotografischen Prozess eher.	1	0
7. Ich lasse mich häufig von meinen Gefühlen leiten.	1	0
8. Kamerahandbücher studiere ich so gut wie nie oder eher selten. Stattdessen erkunde ich die Funktionen nach und nach intuitiv.	1	0
Summenwert der Fragen 1, 2, 4, 6		
Summenwert der Fragen 3, 5, 7, 8		

Die Fragen 1, 2, 4 und 6 beschreiben Tendenzen von KOPF-Fotografen. Wenn Sie hier öfter bejaht haben, sind Sie also stärker an technischen Aspekten und Planung interessiert. Ist der Summenwert zudem größer als 2, haben Sie vielleicht die folgenden Gewohnheiten beziehungswiese könnten diese langfristig deutlich werden: Sie denken möglicherweise viel nach, es besteht vielleicht das Problem, dass Sie zu viel Zeit im Internet verbringen oder Zeitschriften lesen, um die neusten Reviews, Sensormerkmale, Kameratests usw. zu verfolgen. Sie fotografieren im Vergleich dazu eher selten. Vielleicht bereiten Sie sich auch zu stark auf ein Shooting vor und verhindern damit Freiraum und Kreativität. Überlegen Sie einmal, macht Sie das glücklich? Vielleicht nagt das viele Denken auch an Ihrer Entscheidungskraft. Zu viele Optionen machen eher unglücklich und lähmen uns. Zwanghaftes Zweifeln (Ist das wirklich das beste Equipment, welches Objektiv, reicht dieses oder jenes aus?) ist dann manchmal die Folge.

Tipp: Trainieren Sie speziell Spontanität und Bauchgefühl. Sie könnten beispielsweise das Kapitel zur Kreativität noch einmal ganz genau durchlesen. Oder Sie planen ein Projekt zu einem emotionalen Thema. Das kann ein gesellschaftliches Problem sein, Porträts von Menschen oder Tieren in schwierigen Lebenssituationen oder auch einfach die Straßenfotografie, wobei Sie sich auf emotionale Ausdrücke (Leid, Freude) und zwischenmenschliche Interaktionen konzentrieren können. Nehmen Sie sich Zeit bei Ihren Porträtaufnahmen, kommen Sie in Kontakt mit dem Model, achten Sie mehr darauf, wie sich das anfühlt. Trennen Sie sich von überflüssigem Equipment, was benötigen Sie wirklich? Nutzen Sie für den nächsten Monat nur eine Kamera und zwei Objektive, versuchen Sie damit auszudrücken, was Sie persönlich bewegt. Bearbeiten Sie Ihre Bilder nur marginal nach, zumindest für eine Zeit. Tragen Sie stets eine kleine Kamera bei sich, nehmen Sie dann Ihre Umgebung auf, wenn Sie sich gut, aber auch wenn Sie sich bedrückt oder gar deprimiert fühlen oder verärgert sind. Machen Sie auch in beiden Situationen ein Selfie. Schauen Sie sich das dann am Bildschirm an. Was verändert sich? Wo und wann fühlten Sie sich gut und warum? Wo hingegen schlecht? Was macht das mit Ihrem Porträt? Wie wirkt Ihre Mimik? Was passiert mit Ihren Aufnahmen?

Der BAUCH-Fotograf: Der zweite Summenwert ist größer als 2: Sie neigen möglicherweise dazu, sich stark auf Ihr Bauchgefühl zu verlassen. An sich ist das in Ordnung, allerdings könnten sich manchmal Probleme ergeben, wenn Sie zu wenig planen, sich einfach nur treiben lassen oder zu schnell entmutigt sind, wenn die Fotografien anders ausfallen, als Sie es erwartet haben. Stimmungen beeinflussen zudem vielleicht manchmal etwas mehr als gewollt Ihren fotografischen Prozess. Bleiben Sie dabei, aus dem Bauch heraus zu fotografieren, planen Sie aber ab und zu ein eher technisches Shooting ein. Durchdenken Sie hierzu genau, was Sie wie umsetzen wollen. Zu viel emotionale Anhaftung könnte vor allem den Prozess der Bilderbewertung/Auswahl negativ beeinflussen. Deshalb schaffen Sie lieber immer erst einen gewissen emotionalen Abstand, bevor Sie Fotografien für das Internet, den Druck usw. auswählen. Beschreiben Sie dann genau, was Sie auf der Fotografie sehen: Wie sind das Licht, die Komposition, die Emotion, die Geschichte? Bei der Porträtfotografie ist es wichtig, dass Sie sich selbst weniger einbringen, vor allem, was das Ausdrücken eigener Gefühle angeht. Weniger ist hier oft mehr. Aber verbiegen Sie sich nicht! Machen Sie sich einfach klar, dass es manchmal besser ist, einen Schritt zurückzutreten und sich alles mit etwas Abstand anzuschauen.

Auf die Balance kommt es an!

»There is no intellectual analysis. The event cries out to be recorded. You respond, and your response is visceral and instinctive and intuitive.«

(Jay Maisel[23])

Allerdings kommt es nicht so sehr auf die Einzelwerte, sondern vor allem auf die Balance an. Wenn beide oben errechnete Werte ähnlich hoch sind, weisen Sie eine gute Balance auf. In diesem Falle haben Sie wahrscheinlich das richtige Maß an Kopf und Bauch, während Sie fotografieren. Sind die beiden Werte jedoch different, dann sind Sie vielleicht nicht wirklich in Balance und könnten die jeweils vorgeschlagenen Übungen durchführen beziehungswiese sich einfach bewusst machen, dass Sie manchmal zu stark über den Kopf oder den Bauch fotografieren.

Kopf versus Bauch: Wesenszüge fotografieren – was dominiert bei der Person, die ich Porträtiere? Wie finde ich das heraus und wie kann ich es fotografisch festhalten?

Die andere Frage ist: Woran kann ich erkennen, ob ich eine eher emotionale oder rationale Person fotografiere, und wie kann ich das fotografisch umsetzen? Wie Sie sehen, sind schon diese Fragen schwer zu beantworten. Wie vermessen ist es dann, wenn Fotografen behaupten, Sie könnten (und das innerhalb weniger Momente) die *Seele* einer Person fotografisch darstellen? Wie fotografiert man Gewissenhaftigkeit? Unsicherheit? Wie Extraversion? Intelligenz? Wie stellt man Offenheit für neue Erfahrungen dar? All dies sind wichtige Charakter-/Wesenszüge oder Merkmale eines Menschen, und der Fotograf entscheidet, welches er darstellen möchte, wenn er überhaupt darüber nachdenkt oder sich einfühlt (was nicht immer der Fall ist). Reportagen aus den 1960er Jahren wirken deshalb auch oft intensiver und empathischer, weil die Fotografen sich viel Zeit gelassen haben. Heute muss dagegen alles schnell gehen. Unter der Nutzung der oben beschriebenen Coaching-Techniken können Sie versuchen, einen bestimmten Wesenszug, der besonders dominant erscheint, einzufangen. Hierzu gehört ohne Zweifel auch die Frage, ob jemand eher sensitiv, emotional oder eher rational ist. Im Kapitel zur Kreativität haben wir besprochen, dass es hilfreich sein kann, sich über Übungen der eigenen Kreativität und des Ausdrucks dem Thema anzunähern. Eine weitere gute Technik ist das freie Assoziieren. Was assoziieren Sie beispielsweise mit rational? Mir fallen dazu folgende Begriffe ein: eher kühl, Farbe Blau, reduzierte Umgebung, helles Licht, scharfe Kontraste usw.

Tipp: Wenn Sie eine Person porträtieren, nehmen Sie sich erst einmal Zeit, diese etwas kennenzulernen, wenden Sie hierzu die oben beschriebenen Techniken des Coachings an. Machen Sie dann eine kurze Pause. Assoziieren Sie in der Zeit frei und schreiben alles auf, was Ihnen spontan zu der Person einfällt (wir nutzen nun also das Bauchgefühl): Wie wirkt sie? Emotional? Sensibel? Kühl? Stark? Dominant? Welche Farbe würden Sie ihr geben: rot, blau usw.? Mögen Sie die Person? Wenn ja, warum, wenn nein, warum nicht? Was ist das hervorstechendste Merkmal? Welche Körperhaltung? Linke versus rechte Gesichtshälfte? Schauen Sie sich an, was sie aufgeschrieben haben. Zum Beispiel: rot, warm, sympathisch, sensibel, weich, eher links.

Nun überlegen Sie, wie Sie das darstellen wollen: Raum eher weit/eng? Licht: hart, weich, diffus, frontal? Welcher Hintergrund? Seien Sie mutig! Oder verlassen Sie sich nun ganz auf Ihre Intuition.

Tipp: Eine andere Technik ist eine Assoziationsübung, die das Model macht, während Sie fotografieren. Hierzu bitten Sie das Model, *fünf Eigenschaftswörter* zu nennen, welche die eigene Persönlichkeit beschreiben. Ohne zu überlegen, einfach aus dem Bauch heraus. Bedeutsam sind hierbei vor allem die erste Nennung, weil sie assoziativ im Gedächtnis am nächsten liegt, und die letzte, denn hier arbeitet schon die Abwehr und dieses Eigenschaftswort ist deshalb oft von besonderer Bedeutung. Jetzt haben Sie weiteres Material und müssen nun sehen, wie Sie dieses technisch umsetzen wollen. Sie können diese Fragen spielerisch stellen, sodass es nicht zu analytisch wird. Das folgende Foto ist genauso entstanden. Haben Sie eine Idee, wie sich meine Bekannte beschrieben hat?

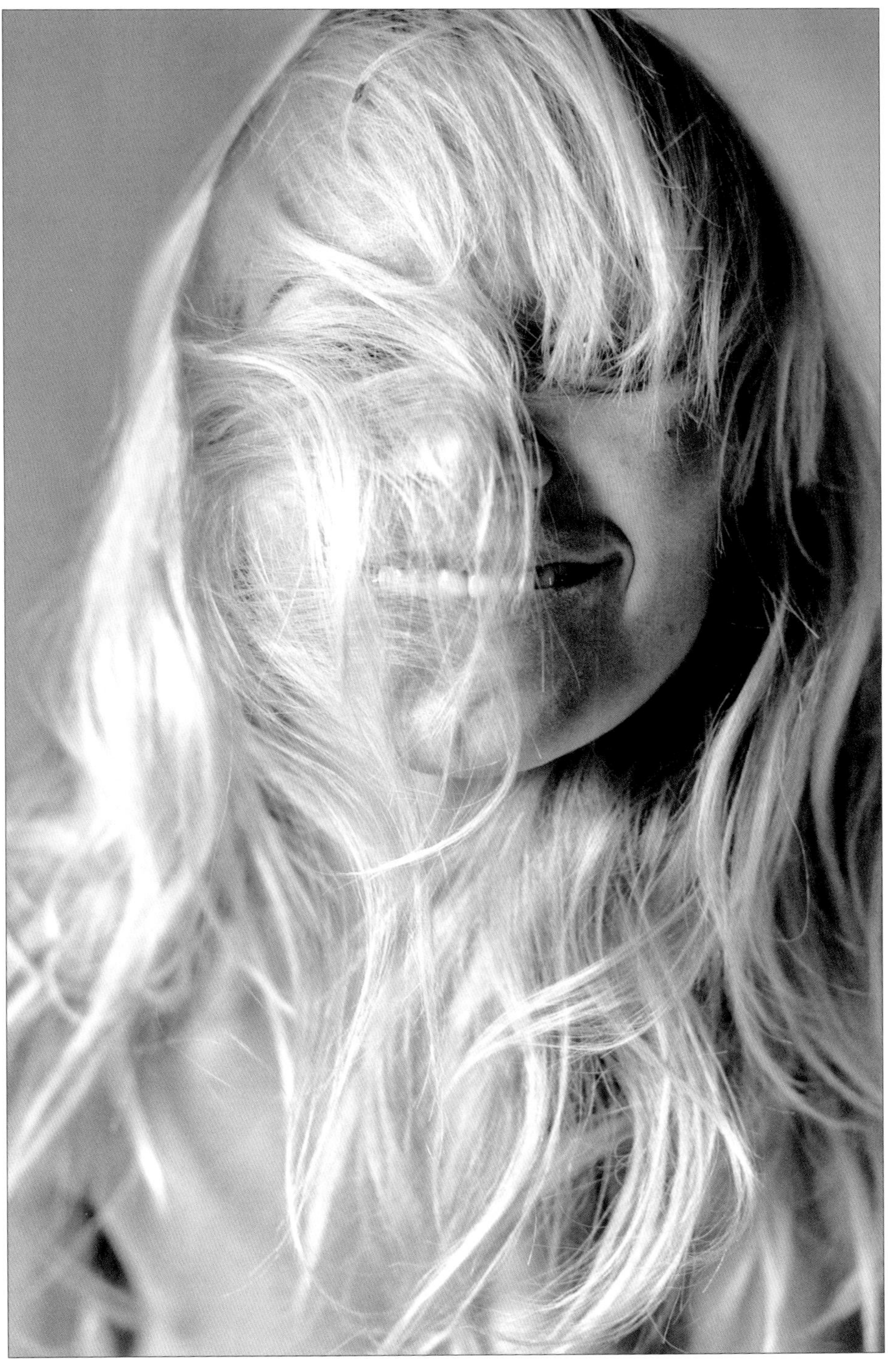

Sie können Ihr *Bauchgefühl* walten lassen, bevor Sie den Kopf einschalten. So können Sie intuitiv erfassen, was wirklich wichtig ist. Dennoch, ohne die oben beschriebenen Gesprächs- und Körpertechniken wird es kaum möglich sein, dass sich eine sensitive, verletzliche Persönlichkeit wahrhaft zeigt. Auch hier geht es also nicht darum, ein *tolles* Foto machen zu wollen, sondern eine Atmosphäre herzustellen, die ein sensibles,»ehrliches« Porträt zulässt. Genau das unterscheidet Kunst vom Schnappschuss. Versuchen Sie es einmal, nehmen Sie sich Zeit, üben Sie die von mir beschriebenen Techniken zur Kommunikation und Körpersprache. Fangen Sie mit Ihrer Familie an, fotografieren Sie die gesamte Verwandtschaft, schließlich haben Sie hier schon einige Informationen. Fühlen Sie sich dann in das Porträt hinein, setzen Sie um, was sich zeigt! Sie werden feststellen, dass die genannten Techniken irgendwann ganz automatisch ablaufen und Sie nun sogar sehr rasch eine entspannte Atmosphäre herstellen können.

Es soll jedoch nicht verschwiegen werden, dass ein technischer Aspekt extrem wichtig ist. Da sich Fotografieren als »Zeichnen mit Licht« übersetzen lässt, ist die Lichtsetzung ganz zentral. Es gibt wunderbare Bücher, die sehr genau beschreiben, welches Licht es gibt und wie man damit arbeiten kann. Dieses Feld überlasse ich lieber den Profis. Nichtsdestotrotz möchte ich kurz beschreiben, wie ich arbeite beziehungsweise das Licht einsetze:

Tipp: Wesenszug und Licht: Um einen bestimmten Wesenszug einer Person darzustellen, verwende ich die von mir beschriebenen Techniken der Körpersprache und Kommunikation. Erst wenn Vertrauen hergestellt ist und ich eine Idee habe, was ich darstellen möchte, beginne ich, ernsthaft zu fotografieren. Ich fange immer, wenn möglich, mit natürlichem Licht an. In meinem Studio sind die Fenster weit oben angebracht, das nutze ich gern aus, denn nun fällt das Licht von schräg oben auf das Model. Manchmal benutze ich einfach ein schwarzes Tuch als Hintergrund (das habe ich immer dabei, ein Tipp von Walter Schels). Ich verwende zur Lichtmessung meist die Spotmessung, um das Gesicht optimal zu belichten.

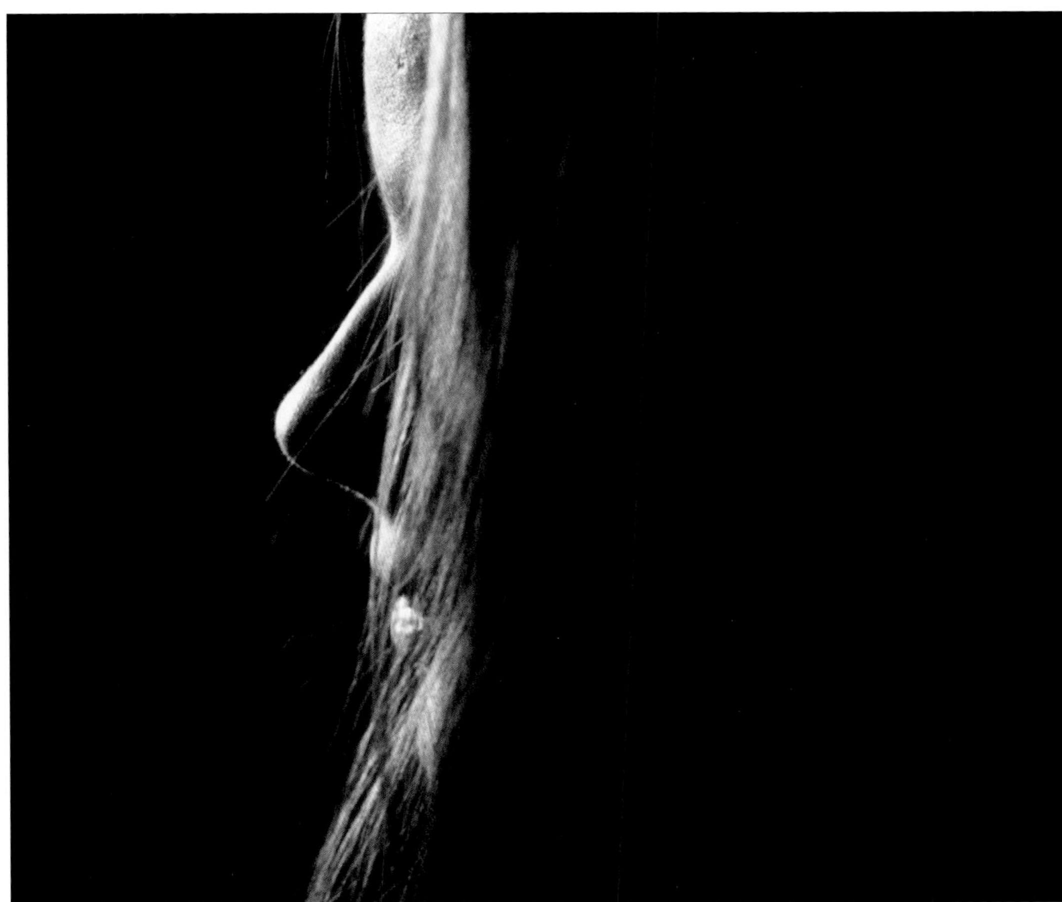

Erst danach arbeite ich mit künstlichem Licht. Ich beginne mit nur einer Lichtquelle und ordne diese so an, dass das Gesicht erst einmal möglichst schattenfrei ausgeleuchtet ist. Beispielsweise stelle ich eine Softbox, einen Schirm oder einen Beauty Dish frontal auf, dann etwa im 45-Grad-Winkel zum Model, Entfernung etwa ein bis zwei Meter. Jetzt feathere ich den Blitz, das heißt ich fange an, die jeweilige Lichtquelle vom Model wegzudrehen. Dadurch bilden sich härtere Konturen, Schatten, die das Gesicht plastischer, schmaler wirken lassen. Das mache ich so lange, bis ich ein Foto habe, mit dem ich zufrieden bin, das heißt ich habe einen mir wichtigen Wesenszug herausgearbeitet, den ich vorher vermerkt hatte. In folgendem Foto war es mir wichtig, die Melancholie der Person einzufangen. Dahinter verbergen sich aber auch Kraft und Energie.

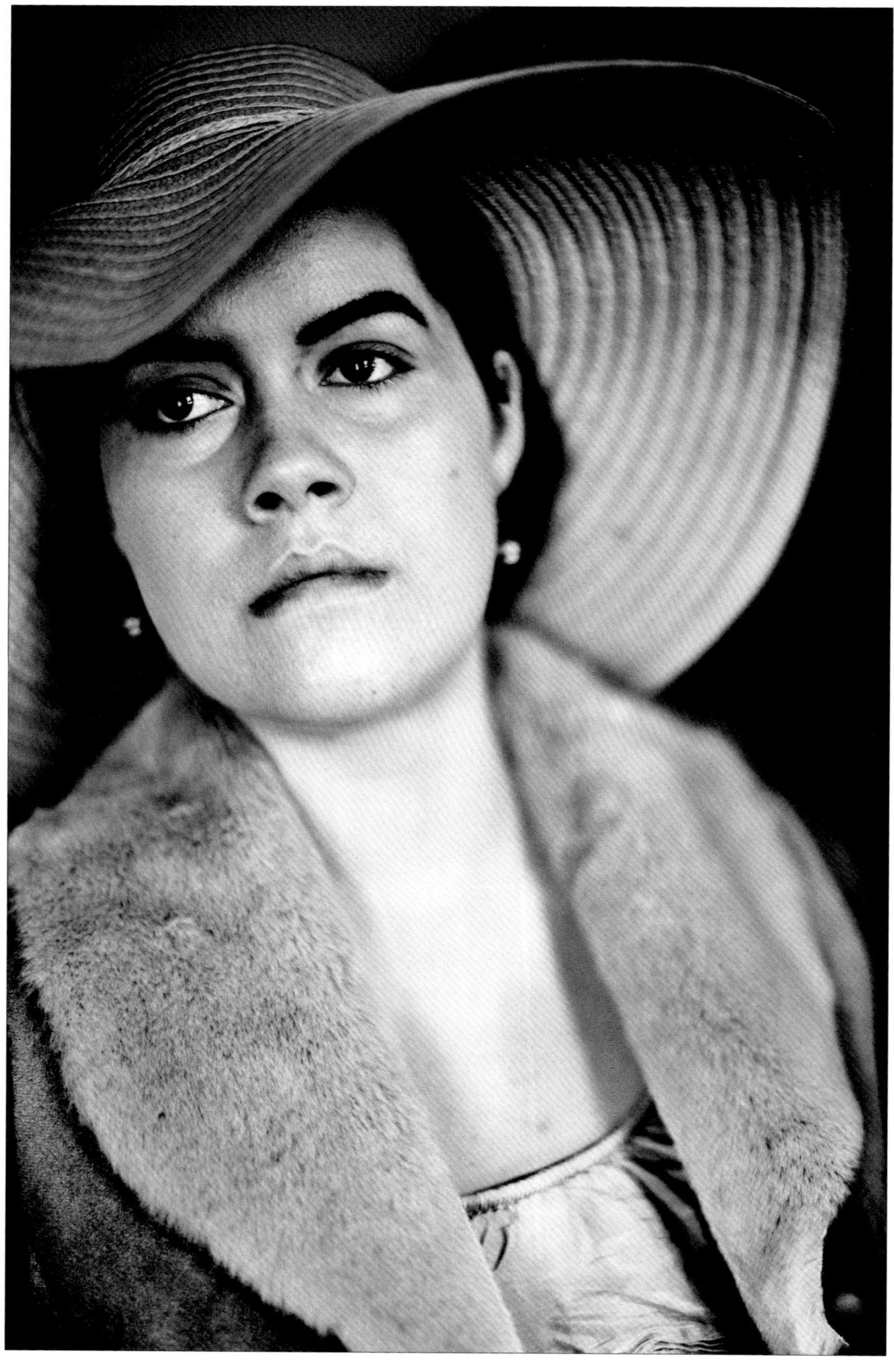

Ein anderes Beispiel: Mein Freund Hermann Vischer war 81 Jahre alt, als ich dieses Foto von ihm aufnahm. Hätten Sie das geschätzt? Wesentliche Persönlichkeitsmerkmale von ihm sind seine unerschöpfliche Energie, aber vor allem sein Enthusiasmus und seine Offenheit. Er ist noch immer ein leidenschaftlicher Motorradfahrer, mit dem es eine Freude ist, durch die Gegend zu fahren. Ich glaube, es ist mir in diesem Porträt ganz gut gelungen, seinen Enthusiasmus, seine Stärke und Lebenszugewandtheit abzubilden. Das Foto ist nur mit natürlicher Lichtquelle in seiner Wohnung entstanden.

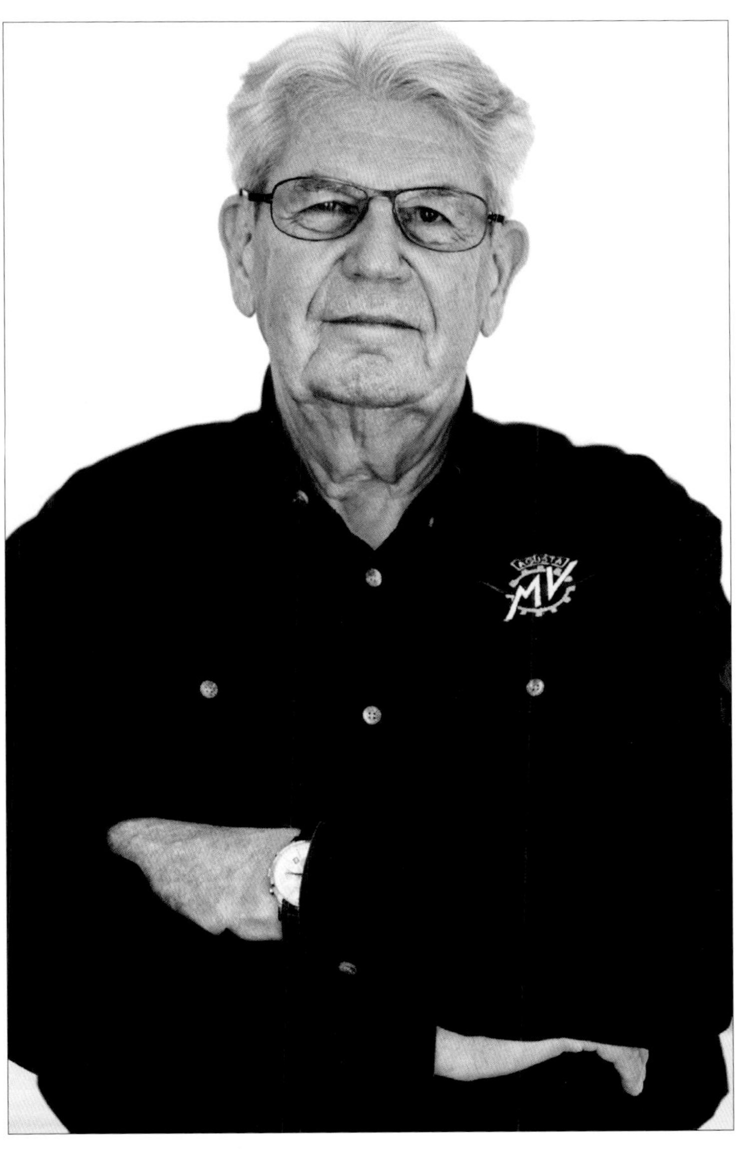

Manchmal kombiniere ich die genannten Techniken mit dem »freien Assoziieren« wie oben beschrieben (ich lasse das Model also fünf Eigenschaftswörter nennen, die es gut beschreiben würden). Zudem verwende ich ab und zu einen zweiten Blitz, meist um eine Gesichtshälfte zu betonen. Mein **Tipp** also: Üben Sie die oben beschriebenen Techniken mindestens sechs Monate lang, bevor Sie zu noch komplexeren Settings übergehen. *Ihr Ziel sollte sein, ein vorher herausgearbeitetes Wesensmerkmal abzubilden. Achten Sie dabei weniger auf ein technisch perfektes Porträt.*

Kapitel 7

Psychologie der Fotografie: Mindfulness

»Die Welt sehn in einem Körnchen Sand, das Paradies in einer Wiesenblume, Unendlichkeit in meiner Hand und Ewigkeit in einer Stunde.«

(Bhagavad Gita)

In den bisherigen Kapiteln habe ich versucht zu zeigen, wie wichtig Kommunikation (Vertrauen) und Kreativität für die Menschenfotografie sind. Außerdem wollte ich darstellen, dass es beim Fotografieren auf eine Balance zwischen Kopf und Bauch ankommt. Warum jetzt also noch auf Mindfulness eingehen? Ich denke, dass *mindful (also achtsam und fokussiert) sein* eine wichtige Grundlage dafür ist, Sehen und Empathie zu erlernen. Empathie ist ohne Mindfulness nicht möglich. Wenn ich es als Fotograf nicht erreiche, meine eigenen Unzulänglichkeiten akzeptierend wahrzunehmen, wie soll es mir dann gelingen, diese beim Anderen zu erspüren und sie mit Sympathie und Verbundenheit darzustellen, ohne die fotografierte Person bloßzustellen? Zudem wirkt sich Mindfulness auch generell auf den fotografischen Prozess aus, nämlich dadurch, dass dieser mehr Tiefe und andererseits auch mehr Einfachheit beinhaltet.

»The beauty of simplicity is incomparable.«

(Michael Freeman[29])

Was ist eigentlich »Mindfulness«? Laut Oxford-Wörterbuch handelt es sich hierbei um einen mentalen Zustand, der mit einem Fokus auf das Hier und Jetzt einhergeht, wobei eigene Gefühle, Gedanken und Körpersensationen (gelassen) akzeptiert (wahrgenommen) werden. Mit anderen Worten, es geht darum, eine gewisse mentale Stille zu erreichen. Sehnen wir uns alle nicht mehr oder weniger danach, gelassen die Dinge so zu akzeptieren, wie sie sind? Wie oft schweift unser Geist ab, benimmt sich wie ein »wilder Affe«, der im geistigen Käfig schreiend herumspringt, mal hier, mal da. Wie kommt es, dass wir so oft in der Vergangenheit weilen oder die Zukunft antizipieren, obwohl beides oft keinen Sinn hat? Die Vergangenheit ist schließlich vorbei und die Zukunft nur bedingt planbar. Natürlich kann man einwenden, dass das Lernen aus der Vergangenheit wichtig ist und Planen für die Zukunft Sicherheit vermittelt. Richtig! Aber das Kreisen (»Ruminieren«) in der Vergangenheit, das ich Rückwärtsgrübeln nenne, ist sicher nicht hilfreich und ängstliches Vorwärtsgrübeln auch nicht. So konnte beispielsweise der Mindfulness-Forscher Paul Gilbert in einer groß angelegten Studie zeigen, dass wir während des Alltags sehr oft »negatives Mind-Wandering« (also geistiges Abschweifen) zeigen, und dass der damit verbundene Gefühlszustand negativer ist als alle anderen erfassten Aktivitäten.[30] Was lernen wir daraus in Bezug auf die Fotografie? Meiner Auffassung nach sehr viel. Der fotografische Prozess erlaubt es uns nämlich, im Hier und Jetzt zu verweilen. Wenn wir es schaffen, ganz in diesem Prozess aufzugehen, werden wir automatisch stiller, fokussierter, konzentrierter. Wir müssen hierzu nicht Pflanzen, Berge oder die »Stille« fotografieren, auch nicht der Zen-Philosophie frönen oder »Zen-Bilder« produzieren. Es reicht, wenn wir unseren Geist ausrichten, den fotografischen Prozess nutzen, auch um unseren Geist zu schulen. Hierzu müssen wir also nicht in den Bergen wandern gehen, denn wir können überall fotografieren. Wir können überall achtsam sein.

Ralph Skuban beschreibt das in seinem lesenswerten Buch zur Psychologie des Yoga[31] so:

> *»Der reine, klare, stille oder auch leere Geist ist das Ziel eines jeden inneren Weges, ein Geist, der sich selbst loslässt, sein immerwährendes Denken an Gestern und Morgen, sein unaufhörliches Wollen und Nichtwollen, die Identifikation mit all den Dingen, die er besitzt oder besitzen will.«*

Für die Porträtfotografie, aber auch für die Straßenfotografie heißt das nichts anderes, als sich ganz und gar auf den Prozess einzulassen: sehen, kommunizieren, komponieren, fühlen und schließlich den Auslöser drücken. Nicht agieren, nicht hektisch Hunderte Auslösungen produzieren oder maschinengewehrartig Salven abfeuern. Stattdessen Gesten, Licht und Stimmung einfangen oder ein Thema, wie ich das in dem folgenden Street-Foto versucht habe. Denn darum geht es ja. Mindful zu sein ist der Prozess, nicht das Ergebnis. In diesem Foto sieht man meine Reflexionen zum Thema Würde der Frau in unterschiedlichen Kulturen. Im Vordergrund sieht man die westliche Version der Vermarktung weiblicher Reize, zudem wird das noch mit Käuflichkeit (Hedonismus) assoziiert, denn die leicht bekleidete Schaufensterpuppe ist mit Paketen beladen. Durch das Schaufenster hindurch habe ich hingegen eine Frau mit Kopftuch fotografiert. Ich musste einige Zeit warten, bis sich dieser »Kontrast« ergab. Das Bild stellt die Frage: In welcher Gesellschaft wird die Würde der Frau stärker gewichtet? Jeder wird hier eine andere Antwort finden. Ich gebe keine, weise aber darauf hin, dass einfache Lösungen, in denen von Anfang an die Überlegenheit einer Gesellschaft propagiert wird, nicht zielführend sind. Dies ist auch ein Aspekt von Mindfulness: Bewertungen, Stereotypen zu hinterfragen und achtsam zu sehen.

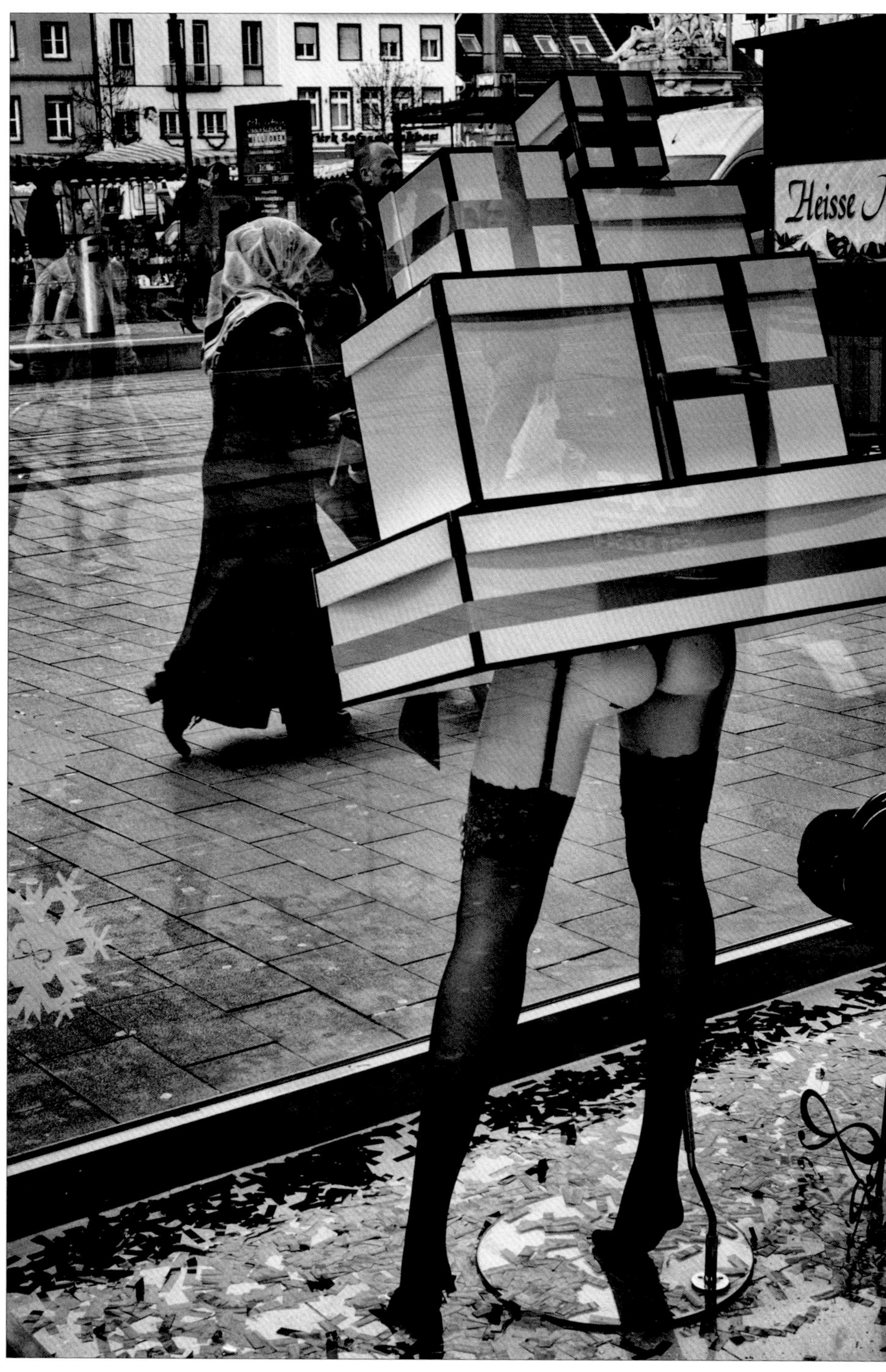
Heisse

Es geht mir also nicht nur einzig und allein um das Erreichen der geistigen Stille und des Fokus während des fotografischen Prozesses, sondern auch um Themen, die achtsam bearbeitet werden, eben auch um das tiefere Sehen. Mindfulness bedeutet zudem, sich von Bewertungen und festgefahrenen Überzeugungen zu lösen. Ein weiteres Beispiel: Letztens besuchte ich mit einem Freund eine Ausstellung. Auf einem Bild war ein älterer Mann zu sehen, der an einem Fluss stand. Es war offensichtlich Abend und die Stimmung wirkte gedrückt und etwas düster. Mein Freund sah darin eine dramatische Szene, die das Leid des alten (offensichtlich nicht wohlhabenden) Mannes zeigen sollte. Was er beschrieb, war jedoch nicht das Foto an sich, sondern Interpretationen und Projektionen, die es in ihm auslöste. Natürlich ist die Wirkung, die ein Foto auf uns hat, ganz entscheidend dafür, wie wir es aufnehmen. Mit Mindfulness hat das aber nichts zu tun! Hierbei geht es nur um das Sehen und Beschreiben *ohne* Interpretation und Projektion. Für die Fotografie bedeutet das, Stille und Fokus im eigenen Geist herzustellen, bevor ich den Auslöser drücke. Sehen lernen. Das entspricht auch dem, was ich mit der Balance zwischen Kopf und Bauch meine. Wenig achtsam ist es hingegen, mit einer Gruppe Gleichgesinnter durch die Straßen zu ziehen und ab und zu ein Foto zu »schießen«, weil jemand cool aussieht. Oder in einem Fashion-Shooting nur auf spezielle Effekte zu achten. Abschreckend wirken auf mich die Videos von Eric Kim, der sonst einen lesenswerten Blog zur Straßenfotografie unterhält und selbst ein ausgezeichneter Fotograf ist. In seinen Workshop-Videos zeigt er jedoch, wie man es nicht machen sollte: eine Gruppe wahllos herumlaufender »Fotografen«, die alles knipsen, was sich ihnen in den Weg stellt. Das ist einfach nur Vermarktung der Fotografie als Spaßindustrie. Wer sich hingegen tiefer mit Aspekten der achtsamen Fotografie auseinandersetzen möchte, sollte Jay Maisel lesen. In seinem Buch »It's Not About the F-Stop«[23] schildert er, auf was es ankommt, ohne jedoch das Wort mindful überhaupt zu erwähnen:

> *»If there's a lull in my day, I don't play games on my phone. I don't text or check my messages. I would much rather use that »down time« to observe the world around me. I find that some of the images I love best come not when I am »shooting«, but when there's nothing happening and suddenly ›things‹ happen.«*

Das folgende Straßenfoto ist das Ergebnis eines ruhigen Moments. Während der ersten schönen Sonnentage saßen wir in einem Straßencafé. Eigentlich wollte ich eine Zeitung lesen, entschied mich dann aber dafür, im Hier und Jetzt zu verbleiben und mein Sehen zu schulen. Ich sah mich also um und mir fielen viele wunderbare Dinge auf, das Licht, Schatten, Menschen, vollgepackt eilend, eine eigenartige Stimmung. Es war dann ein Leichtes, dieses »Schattenbild« aufzunehmen. Übrigens in Berlin Unter den Linden fotografiert.

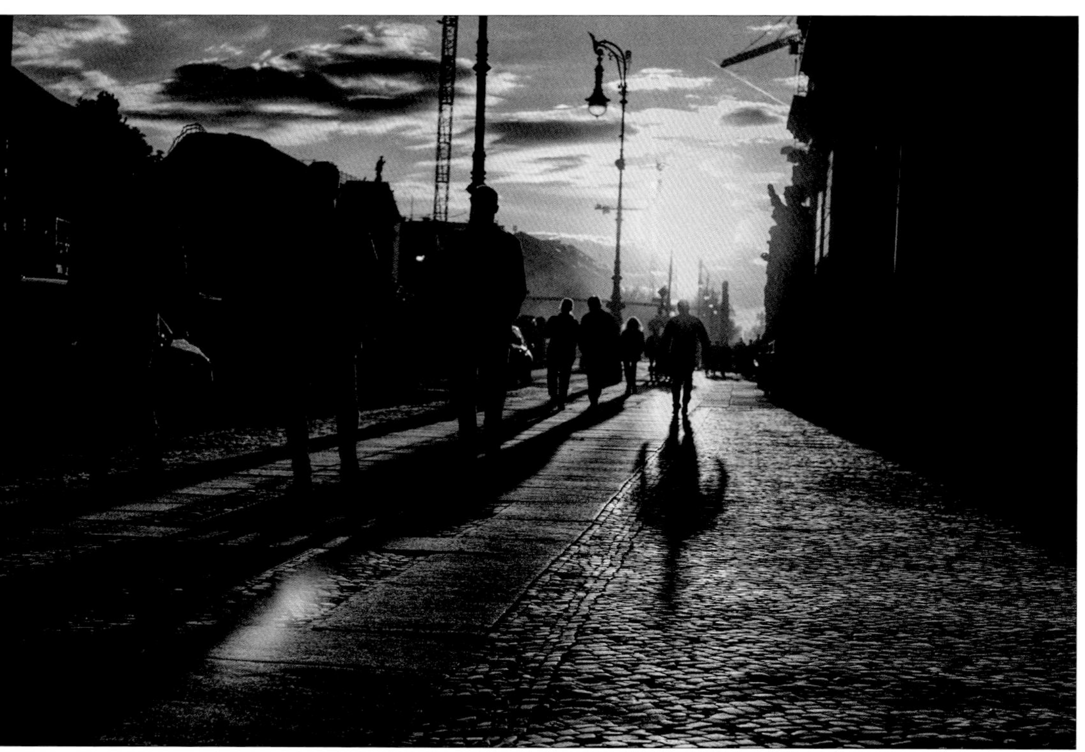

Das Gegenteil von mindful ist das Gefühl, gehetzt zu sein. In diesem Zustand sind wir nicht mit uns im Reinen und dies führt manchmal zu Verquickungen, die mit übertriebener *Anhaftung (an Dinge, Objekte), Ablehnung und Unwissenheit* einhergehen. Laut buddhistischer Schriften sind dies die drei Grundübel der Menschheit. Bei dem einen oder anderen mag sich dann ein zu starker Fokus auf Technik und möglicherweise auch das Kamera-Kaufen-Müssen-Syndrom (GAS) herausbilden, auf das ich deshalb im nächsten Kapitel eingehen möchte.

Doch zuvor noch einige Straßenbilder, denn die Streetfotografie ist eine hervorragende Schule für achtsames und bewertungsfreies Fotografieren. Sie werden erstaunt sein, was Sie plötzlich alles sehen, wie viel Freude, Sexualität, Leid, Alltag, Liebe und Komplexität in jeder Straßenszene liegt. Hier können Sie wirklich Ihre Sinne und das Sehen schulen. Aber nehmen Sie außer der Kamera nichts mit, versuchen Sie auch nicht, ein gutes Bild zu erzeugen, darum geht es in dieser Übung nicht. Stattdessen beobachten Sie, fotografieren Sie dann behutsam. Ich habe versucht, genau dies zu tun. Die nächsten vier Fotografien sind so entstanden.

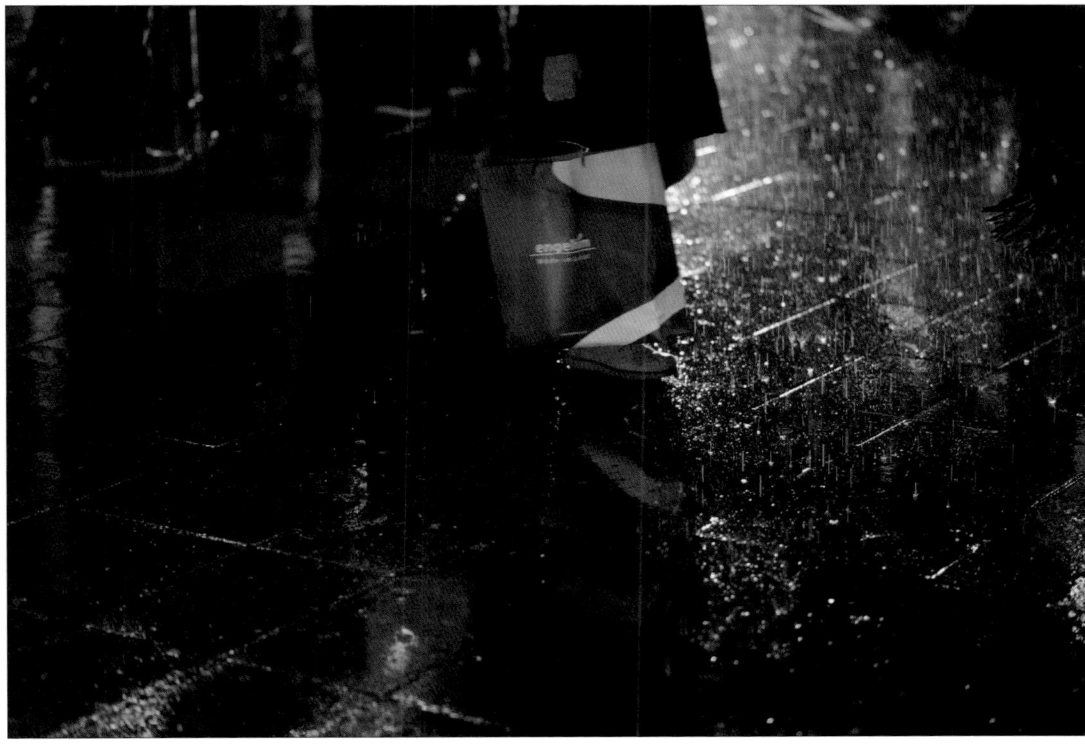

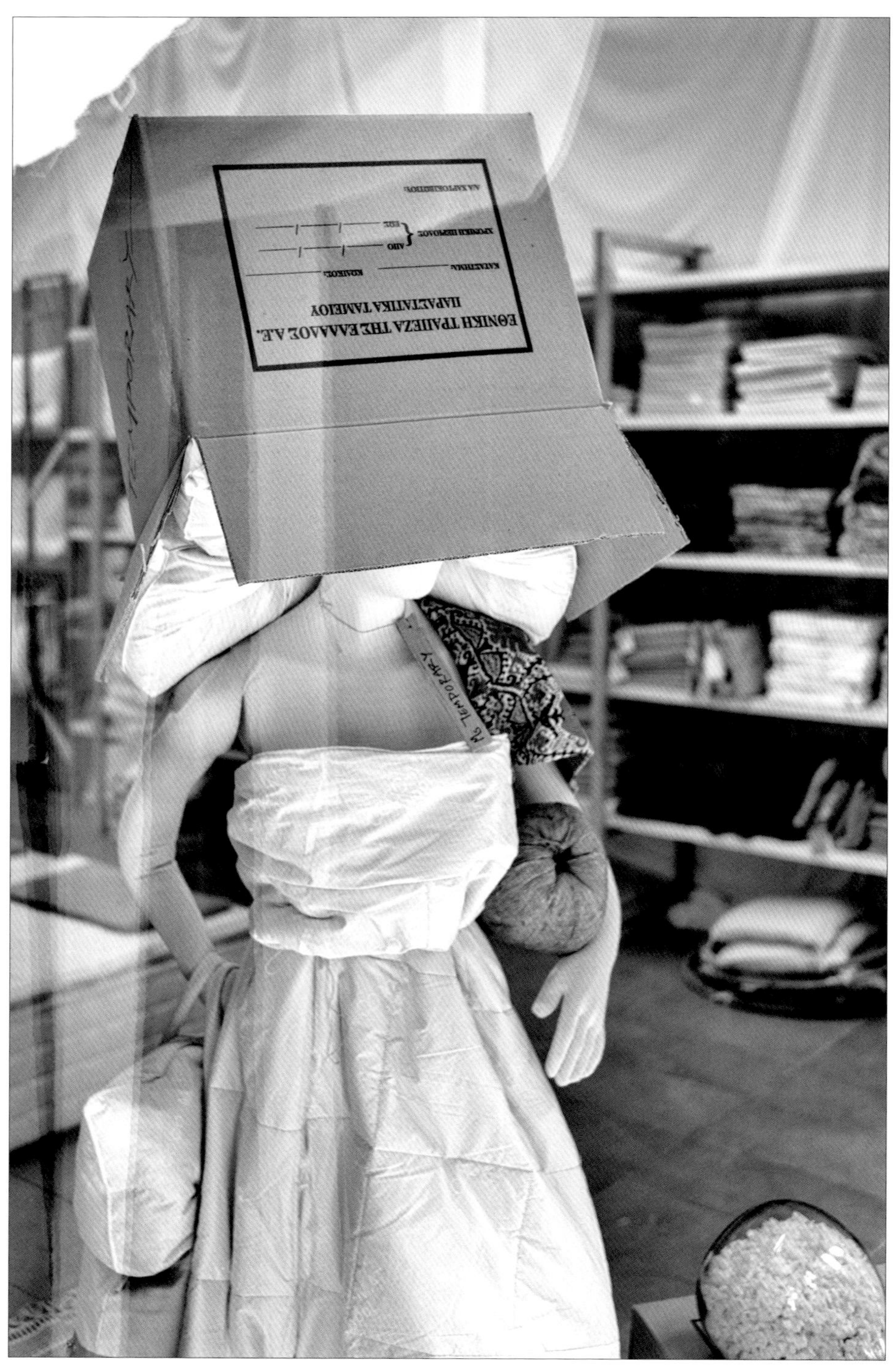
ΕΘΝΙΚΗ ΤΡΑΠΕΖΑ ΤΗΣ ΕΛΛΑΔΟΣ Α.Ε.
ΠΑΡΑΣΤΑΤΙΚΑ ΤΑΜΕΙΟΥ

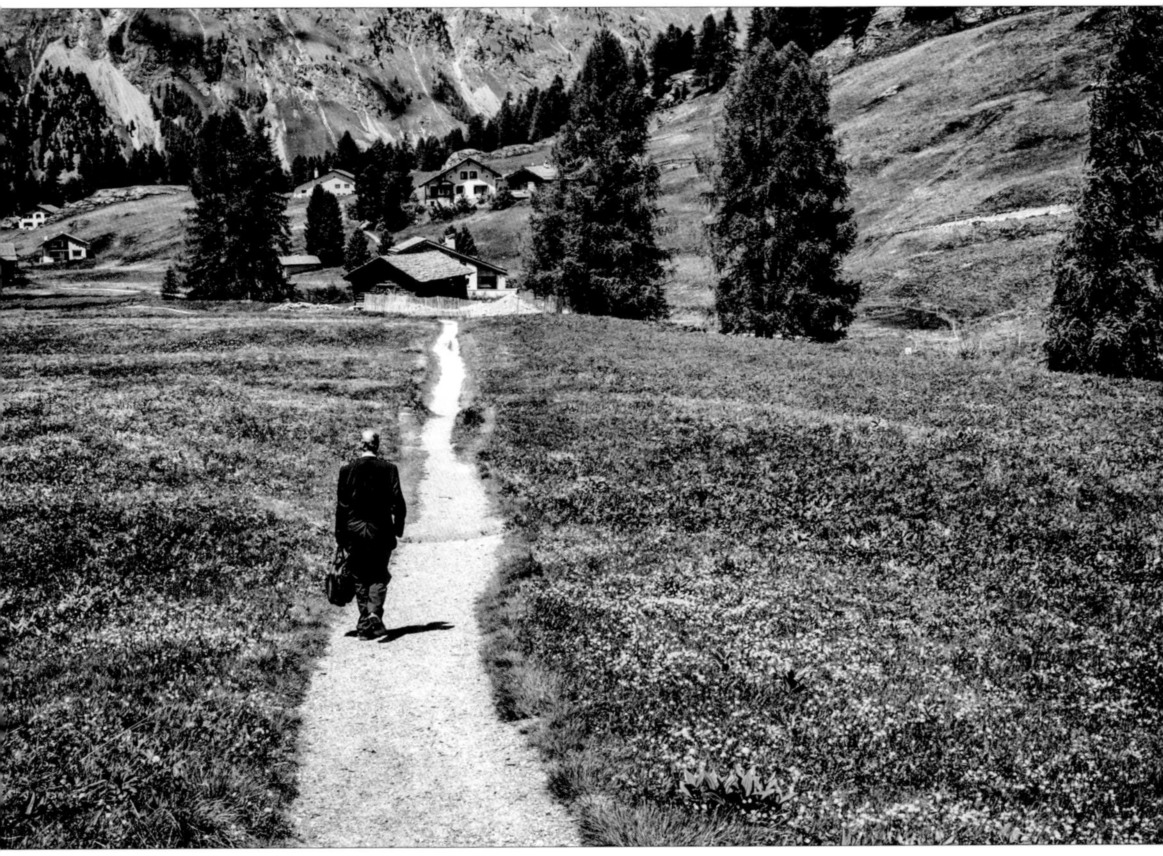

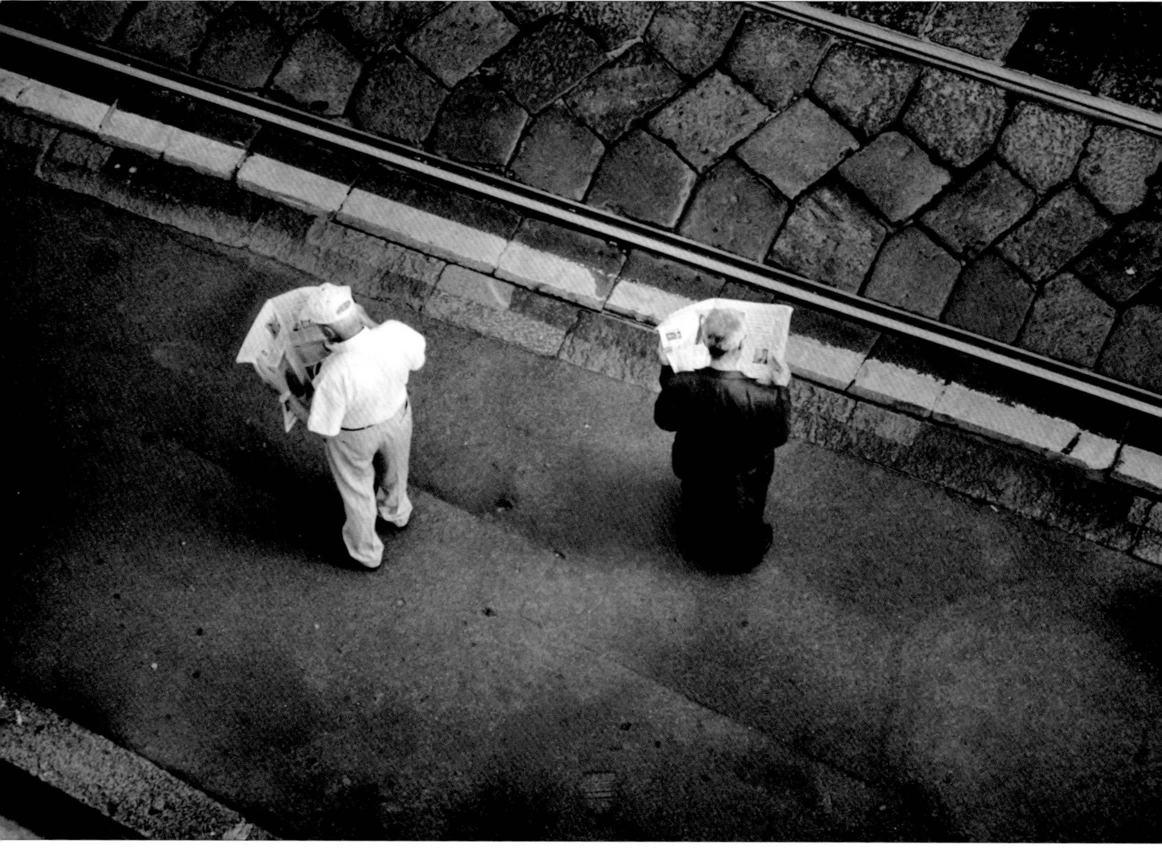

Kapitel 8

Das Objektiv-und-Kamera-kaufen-müssen-Syndrom (Gear Acquisition Syndrome, GAS) und wie man es überwinden kann

Manchmal kommt das Gefühl auf, man müsse sich etwas Neues gönnen, dagegen ist eigentlich auch nichts einzuwenden. Wie viele neurobiologische Studien zeigen, benötigen wir neue Hinweisreize (Verstärker), um uns zu motivieren. Die westlichen Industrienationen funktionieren nach dem Prinzip des ständigen Wechsels, der Neuanschaffung, Anhaftung, des Konsums und Materialismus. Unsere Wirtschaft würde kollabieren, wenn wir uns dem widersetzten. Andererseits bürgt die zu starke Fokussierung auf Neues, Konsum und Materialismus auch Gefahren in sich. Die größte Gefahr besteht darin, dass wir gar nicht mehr zur Ruhe kommen. Wir verzetteln uns möglicherweise, sind agitiert, unruhig und zu stark auf materielle Aspekte ausgerichtet. Das schadet unserem Wohlbefinden. Der ständige Fokus auf Neues, komplexere Settings und Features führt dazu, dass geistige Ressourcen verbraucht werden, die wir eigentlich für andere Dinge benötigen. Dies kann zu Erschöpfung und Unzufriedenheit führen. Wir versuchen dann, diese negativen Emotionen abzuschwächen, allerdings meist mit dem falschen Mittel: Wir schaffen uns noch mehr an und fokussieren immer stärker auf unsere (jetzt meist negativen) Gefühle. Die Unzufriedenheit soll dadurch überwunden werden, dass man sich das Beste und Neuste anschafft, ein tolles Objektiv oder eine noch bessere Kamera. Der Effekt der Stimmungsaufhellung hält jedoch nicht lange an. Schon bald bereiten auch das neue Objektiv und die tolle neue Kamera keine Freude mehr, jetzt ist das gesamte Motivationssystem aber darauf ausgerichtet, sich ausschließlich über Dinge zu belohnen, die man eigentlich nicht braucht. Also geht es weiter, immer teureres, besseres Equipment, mehr Features, die Neugierde erzeugen und Ablenkung bringen, immer stärkerer Fokus auf Ablenkung. Nur nicht die Erschöpfung und Leere spüren müssen!

GAS ist eine Art zwanghafte Einengung auf den Wunsch und den Drang, unbedingt eine bestimmte, meist neue Kamera oder ein neues Objektiv kaufen zu müssen. Es treten vermehrt Grübeleien auf, die sich damit beschäftigen, das gewünschte Equipment zu erwerben, oder die Kamera und Objektive werden impulshaft gekauft, um sie dann nach kurzer Zeit wieder abzustoßen. Letzteres vor allem dann, wenn man sich durch die vielen Käufe verschuldet hat. Schließlich ist man von der großen Auswahl schlicht überfordert. Welches Objektiv, welche Kamera soll ich nehmen? Jetzt beginnen das Grübeln, die Unsicherheit, Entscheidungsprobleme. Das verbraucht noch mehr geistige Ressourcen. Es bereitet zudem Unsicherheit und Missbehagen. Die meisten Fotografen kennen dieses Gefühl ein wenig, aber bei einigen wird es so dominant, dass sie sich nicht davon lösen können und sich und andere möglicherweise sogar dadurch gefährden, dass sie Kredite aufnehmen, nur um noch ein Objektiv anzuschaffen. Nicht verwunderlich ist, dass diese Personen eher selten fotografieren, denn ihnen fehlt es meist an Kreativität, Fokus und Mindfulness, die, wie ich beschrieben habe, zentral für den fotografischen Prozess sind. Stattdessen ist man zerstreut, haftet an, kann sich nicht konzentrieren, ist wenig fokussiert. Ein Buch zu lesen ist dann nicht mehr möglich, die Konzentration ist am Tiefpunkt angekommen, die Stimmung auch. Möglicherweise ist da auch Leere, die durch Materielles übertüncht werden soll. Aus buddhistischer Sicht klingt das so:

»Der Unwache jagt heute diesem und morgen jenem nach.«

(alte Zen-Weisheit)

Ich habe einen kleinen Test entwickelt, der einige typische Symptome von GAS auflistet. Grob gesagt gilt: Je mehr Zustimmung, desto mehr sind Sie gefährdet. Beantworten Sie die Fragen rasch aus dem Bauch heraus, beziehen Sie sich dabei auf die letzten zwölf Monate.

GAS-Fragebogen	Stimme gar nicht zu	Stimme nicht zu	Teils-teils	Stimme zu	Stimme stark zu
1. Ich lese sehr viele Reviews zu neuen Kameras/Objektiven, obwohl ich eigentlich nichts benötige.	1	2	3	4	5
2. Ich denke ständig darüber nach, mir ein neues Objektiv/eine neue Kamera zu kaufen.	1	2	3	4	5
3. Ich habe bereits Kredite aufgenommen, um mir Fotoequipment zu kaufen, obwohl ich dieses nicht unbedingt benötige.	1	2	3	4	5
4. Ich kaufe und verkaufe Fotoequipment oft innerhalb weniger Wochen/Monate.	1	2	3	4	5
5. Wenn es mir schlecht geht, kaufe ich neue Kameras oder Objektive.	1	2	3	4	5
6. Ich nutze meine Kamera/Objektive/Ausrüstung kaum, denke aber oft darüber nach, mir neues Equipment zu kaufen.	1	2	3	4	5
7. Ich neige zu Grübeleien, welche Kamera/welches Objektiv ich kaufen soll.	1	2	3	4	5
8. Ich habe das Gefühl, dass sofort nach einem Neukauf mein Interesse an der Kamera/dem Objektiv nachlässt.	1	2	3	4	5
9. Ich verheimliche Neukäufe vor meinem/meiner Partner/in bzw. Bekannten.	1	2	3	4	5
10. Ich habe bereits mehrere Streitgespräche mit dem/der Partner/in wegen meiner »Kamerasucht« gehabt.	1	2	3	4	5

Wie lässt sich GAS überwinden?

Man muss hier ein wenig differenzieren. Ist GAS das Hauptproblem und ansonsten geht es Ihnen gut, dann befolgen Sie die Regeln, die Erwin Puts in seinem Blog (*http://www.imx.nl/photo/*) aufgestellt hat. Die wichtigste Regel ist diese: Lesen Sie ab sofort keine Reviews, Werbung, Technikseiten, Ankündigungen neuer Kameras. Lesen Sie stattdessen Fotobücher, besuchen Sie Workshops oder planen Sie ein kleines Projekt. Nehmen Sie sich vor, für die nächsten drei bis vier Jahre kein neues Equipment anzuschaffen. Bleiben Sie dabei, wie stark auch immer die Werbetrommeln gerührt werden. Von den angeblich so tollen Kameras hört man einige Monate später kaum noch etwas, und bald sind die besten Sensoren auch nur noch Mittelfeld. Wie haben die wohl früher überhaupt fotografieren können? Glauben Sie nicht anderen Personen, die von Kameras schwärmen, schauen Sie sich deren Fotos an. Könnten Sie diese wirklich nicht mit Ihrer Kamera machen?

Hier die Regeln von Erwin Puts. Ich finde sie sehr hilfreich und habe sie relativ frei und eher sinngemäß übersetzt und ergänzt:

1. Kaufen Sie sich keine Kamera für mindestens zwei Jahre. (Ich würde drei bis vier Jahre vorschlagen.)
2. Verwenden Sie Ihre Energie eher darauf, die Möglichkeiten Ihrer Kamera bis aufs Letzte auszunutzen. (Unbedingt!!!)
3. Falls Sie glauben, eine neue Kamera/ein neues Objektiv zu benötigen, vergleichen Sie ganz genau Ihre jetzige mit der geplanten Kamera. Benötigen Sie die neue wirklich? Wofür ganz genau? Wird das neue Equipment wirklich Ihre Fotografie verbessern, erweitern? Werden Sie dadurch kreativer und besser fotografieren?
4. Entschleunigen Sie Ihren Alltag und den fotografischen Prozess.
5. Adaptieren Sie Ihren Workflow, sodass Nachbearbeitungen minimiert werden.
6. Verbringen Sie Ihre Zeit nicht vor dem Computer, sondern fotografieren Sie mehr!
7. Drucken Sie Ihre Bilder aus, teilen Sie diese nur selten auf Facebook und anderen sozialen Medien. Im Druck sehen Sie die Qualität des Bildes und auch die Probleme. So lernen Sie!

Sollten Sie außer GAS weitere Probleme haben, die auf ein Burnout oder eine Depression hinweisen, rate ich Ihnen dringend, eine Psychotherapie zu erwägen. So behandelte ich zum Beispiel einen Fotografen, bei dem sich seine später einsetzende Depression zuerst durch ein ausgeprägtes GAS zeigte. Er versuchte dadurch, seine innere Leere zu bekämpfen und GAS lenkte ihn davon ab. Allerdings wurden die eigentlichen Probleme dadurch nicht bewältigt. Erst als er später seine Arbeitsstelle kündigte und sich selbstständig machte (zwischendurch nahm er eine sechswöchige Auszeit), ging es wieder bergauf. Er macht jetzt ganz hervorragende Fotografien, die ich sehr bewundere. Und er besitzt nur noch eine Kamera und zwei Objektive.

Typische Symptome eines Burnouts sind u. a. Schlafstörungen, Unruhe, Ängste, Gedächtnisprobleme, körperliche Beschwerden, Leistungsabfall, Stimmungsschwankungen oder deutlich gedrückte Stimmung über mehrere Tage, Appetitlosigkeit und Interesselosigkeit. Generell fehlt oft die Energie und man fühlt sich gereizt, überfordert, das Selbstwertgefühl ist gering.

Ob Sie möglicherweise an einem Burnout leiden, können Sie mit diesem kurzen Test feststellen (siehe folgende Abbildung). Kreuzen Sie das Zutreffende an.

In den letzten zwei Wochen …	Die ganze Zeit	Meistens	Etwas mehr als die Hälfte der Zeit	Etwas weniger als die Hälfte der Zeit	Ab und zu	Zu keinem Zeitpunkt
1) … war ich froh und guter Laune.	5	4	3	2	1	0
2) … habe ich mich ruhig und entspannt gefühlt.	5	4	3	2	1	0
3) … habe ich mich energisch und aktiv gefühlt.	5	4	3	2	1	0
4) … habe ich mich beim Aufwachen frisch und ausgeruht gefühlt.	5	4	3	2	1	0
5) … war mein Alltag voller Dinge, die mich interessieren.	5	4	3	2	1	0

Fragebogen zum Wohlbefinden (adaptiert nach WHO, Version 1998)

Bilden Sie dann den Summenwert, indem Sie die fünf Werte zusammenrechnen (0=geringster Wert, 25=höchster Wert). Ist Ihr Summenwert *geringer als 13,* weist das zumindest darauf hin, dass eine leichtere depressive Symptomatik vorliegt, diese kann aber temporär sein und ist vielleicht auch gar nicht problematisch. Allerdings, je kleiner der Wert, desto höher die Wahrscheinlichkeit, dass eine Depression vorliegt. Dieser Test ersetzt natürlich keine Diagnostik bei einem Arzt oder Psychotherapeuten, sondern hat nur Hinweischarakter. Legt sich die Problematik nicht, rate ich zur Psychotherapie und erst in zweiter Linie zu einer medikamentösen Behandlung. Wenn Sie hierzu mehr wissen wollen, lesen Sie mein Buch »Therapie wirkt«.[2] Darin finden Sie genaue Informationen zu psychischen Störungen und deren Behandlung, außerdem schildern Patienten ihre Erfahrungen während einer Psychotherapie und es gibt sogar Fotografien dieser Patienten.

Kapitel 9

Fototherapie und Fotografie als Selbsterfahrung/-erkundung

»Ein Bild sagt mehr als tausend Worte.«

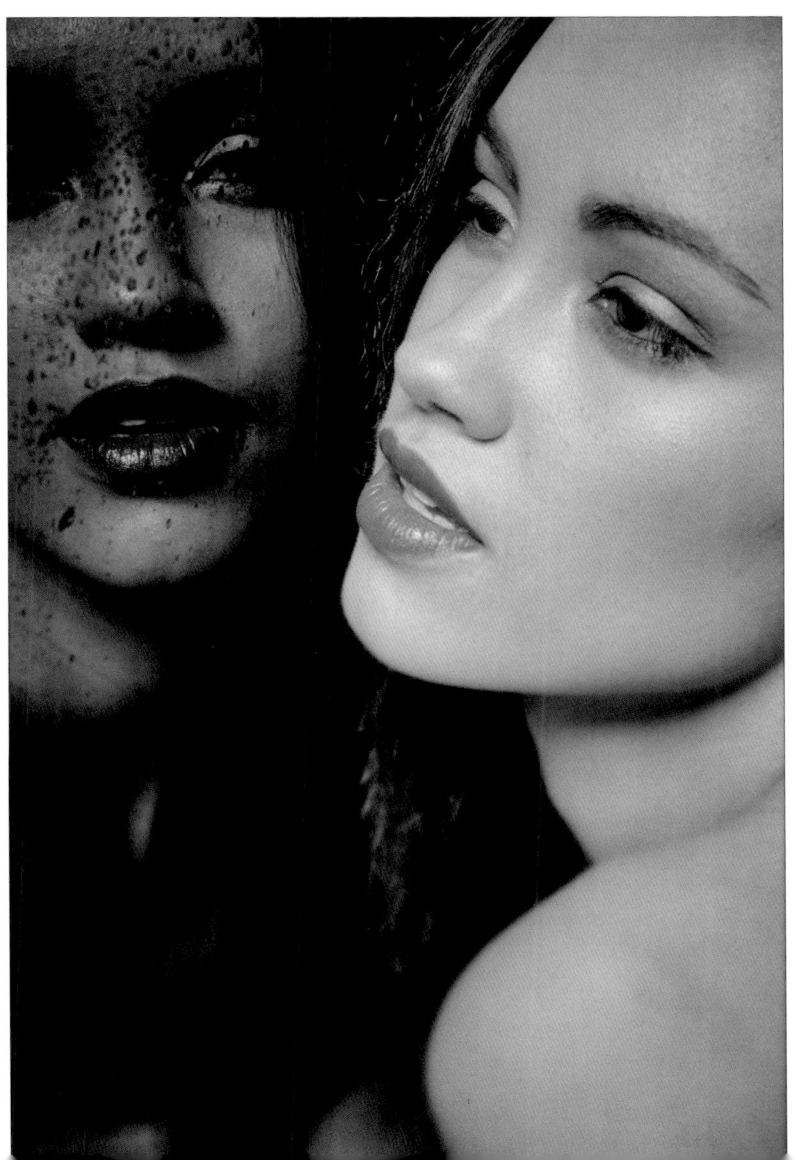

Kann man die Fotografie oder Techniken daraus auch therapeutisch nutzen? Judy Weiser hat hierzu ein Buch geschrieben, das ich denjenigen empfehle, die tiefer in das Thema einsteigen wollen.[32] Ausgehend von der Tatsache, dass wir etwa 80 Prozent der Informationen über das Sehen aufnehmen und unser Denken oft in Bildern abläuft, stellt sich die Frage, ob man nicht über Fotografien die menschliche Psyche beeinflussen kann, auch im Sinne der Heilung von psychischen Problemen oder Stabilisierung des Selbst. Weite Teile unserer Persönlichkeit, unseres Innenlebens und der Erinnerungen sind uns nicht bewusst und lassen sich deswegen nur schwer in Worte übersetzen. In der Psychotherapie oder Selbsterfahrung interessiert aber die Person in ihrer vollen Komplexität, nicht nur die bewusst zugänglichen Aspekte. Durch das Einbringen von Bildern in das therapeutische Gespräch können auf nonverbalem Wege Türen für wichtige, tiefer liegende Themen geöffnet werden. Das wunderbare Straßenbild von Robert Mertens lässt sich auch in diesem Sinne interpretieren.

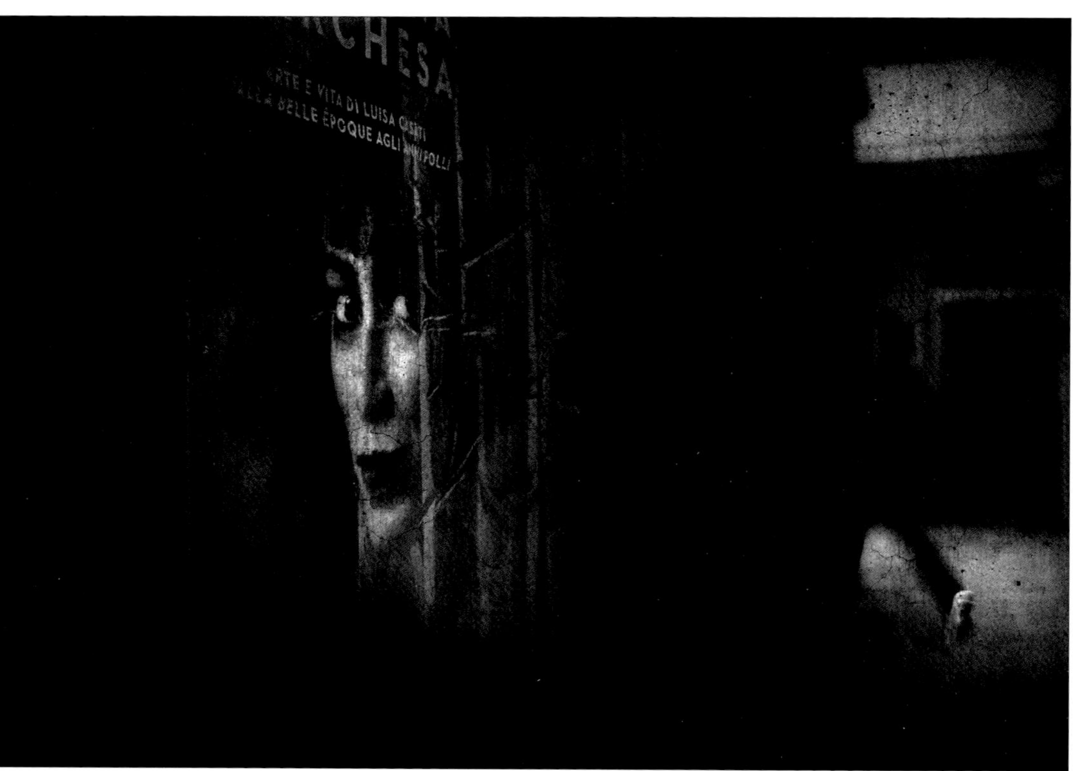

(Fotograf: Robert Mertens)

Judy Weiser beschreibt in ihrem Buch fünf Möglichkeiten, wie Fotos eingesetzt werden können, um Einsichten in das Denken und Fühlen eines Menschen zu gewinnen. Ich gehe folgend kurz auf drei dieser Techniken ein und ergänze sie mit Anregungen zur Selbsterfahrung. Damit eine Therapie oder Selbsterkundung mittels fotografischer Techniken wirksam ist, müssen Kopf und Herz beteiligt sein. Ziel ist es, sich selbst besser kennenzulernen und eine bessere Akzeptanz für die eigenen Stärken und Schwächen zu entwickeln. Sowohl das Fotografieren selbst als auch das Betrachten von Bildern werden durch subjektive Empfindungen beeinflusst, die es wahrzunehmen und zu schulen gilt. *Fototherapie ermöglicht also die Selbsterkenntnis durch die Fotografie.*

Die erste Technik der Fototherapie, die projektive Fotobetrachtung, bildet den Kern aller weiteren Techniken und beschreibt den Prozess, der zwischen Bild und Betrachter stattfindet. Reaktionen auf Fotos können ganz unterschiedlich ausfallen. Wir alle haben unsere eigenen Erinnerungen und verbinden diese mit den Bildern. An sich sind Fotos zwar nur zweidimensionale Abbildungen, sie werden jedoch im Betrachten aufgeladen mit einer weiteren – emotionalen – Dimension. Bedeutsame Fotografien erzählen eine Geschichte und erzeugen eine besondere emotionale Resonanz. Das erklärt auch, warum ein Foto auf uns eine starke Wirkung haben kann, während es für andere völlig unwichtig bleibt. In der Therapie interessieren diese subjektiven Erlebnisse und Sichtweisen, die manche Dinge wichtiger als andere erscheinen lassen, und die persönlichen Bedeutungen von Bildern, die daraus entstehen. Manche Menschen erinnern erst durch das Betrachten alter Familienbilder Stimmungen und Gefühle, die sie als Kind erlebten. Das kann befreiend, aber auch schmerzhaft sein. Es verhilft jedoch dazu, Emotionen auszuleben, anstatt sie im Verborgenen wirken zu lassen. Dem Therapeuten bietet die Reaktion der Patienten auf bestimmte Fotoinhalte Einsichten in deren Persönlichkeit, Lebensgeschichte und Werte. Dem sich selbst Erfahrenden wird etwas über die Genese seiner Persönlichkeit bewusst (Warum bin ich so, wie ich bin?). Ich schlage hierzu eine kleine **Übung** vor: Betrachten Sie sich alle Bilder aus Ihrer Kindheit und Jugend. Fertigen Sie dann eine Lebenslinie für diese Zeitspanne an: Berge zeigen Zeiten mit schönen Erinnerungen, Täler die, in denen es schwierig war. Schauen Sie sich die Fotografien dieser Zeiten an, wie wirken Sie darin, was fühlen Sie beim Betrachten? Lassen Sie sich ganz auf diese Erfahrung ein.

Die *zweite fototherapeutische Vorgehensweise* ist das *Studieren von SelbstPorträts.* SelbstPorträts sind ein Schlüssel zu dem Bild, das wir von uns selbst haben. Ich habe das ja bereits ausführlich beschrieben. Je besser wir unser Abbild akzeptieren, mit allen Ecken und Kanten, desto wohler fühlen wir uns in unserer Haut.

Schwierigkeiten mit der Selbstakzeptanz sind oft Auslöser psychischer Probleme. SelbstPorträts sind besonders persönlich, weil dieselbe Person vor und hinter der Kamera ist und dadurch die Verbindung zwischen dem inneren Erleben und dem Ausdruck nach außen direkter nicht sein kann. Die eigene Gefühlswelt gewinnt dadurch eine feste handhabbare Form, die betrachtet werden kann. SelbstPorträts sind Offenbarungen des Innersten ohne äußere Einmischung und daher sehr wirkungsvoll für die Erforschung der eigenen Identität. Eine Vertiefung der Selbsterkenntnis geschieht durch die Darstellung von verschiedenen Persönlichkeitsfacetten, sowohl positive als auch belastende, störende. Außerdem kann differenziert werden, welche Darstellungen authentisch sind und welche dagegen Präsentationen, die sich verinnerlichten Erwartungen der Umwelt fügen. Damit meine ich, dass wir uns auf eine bestimmte Art und Weise präsentieren, um andere unliebsame Teile zu verbergen. Durch SelbstPorträts können wir uns also mit den verschiedenen Masken, die wir in bestimmten Situationen tragen, auseinandersetzen und diese überwinden, indem wir lernen, uns so zu akzeptieren, wie wir eben sind, mit allen unseren Facetten.

Ich schlage hierzu eine weitere **Übung** vor. Machen Sie in den nächsten vier Wochen immer wieder mal ein SelbstPorträt von sich, seien Sie mutig und kreativ, versuchen Sie das auszudrücken, was Sie darstellen, was Sie ausmacht, aber machen Sie auch einfach mal einen Schnappschuss. Nutzen Sie Reflexionen, Spiegel, Ihren Schatten, wechseln Sie die Perspektive. Schauen Sie sich dann die Fotos an, lösen sie Emotionen aus? Lassen Sie diese ganz bewusst auf sich einwirken. Lernen Sie sich selbst besser kennen. Schon allein die Tatsache, dass Sie sich die Zeit hierfür nehmen, ist hilfreich. Die nächste Foto-Collage zeigt Porträts von mir. Dabei ging es mir nicht um die Technik oder darum, ein »schönes« Foto zu machen, sondern ausschließlich darum, etwas von mir zu zeigen, auszudrücken auf meine ganz spezielle Art und Weise.

In der *dritten Technik* der Fototherapie nach Weiser geht es *um das Fotografiert-Werden*. In den Fotos, die andere von uns machen, begegnen wir einer ungewohnten Außenperspektive von uns selbst. Wir können dadurch unsere »öffentliche« Identität kennenlernen, die wir in sozialen Situationen preisgeben. Je nach Fotograf werden unterschiedliche Aspekte unserer Person in den Vordergrund treten. Oft wird vergessen, dass auch solche Bilder nur eine subjektive Perspektive darstellen, nämlich unter anderem diejenige des Fotografen. Interessant wird also der Vergleich verschiedener Sichtweisen von außen mit unserer eigenen Selbstwahrnehmung. Überraschend ist dann oft die Diskrepanz zwischen beabsichtigter und der von anderen wahrgenommenen Botschaft.

Fototherapie und Selbsterfahrung mittels Fotografie sind kreative Methoden, unsere Gefühle, Ängste und Stärken wahrzunehmen und zu verarbeiten. Vielleicht probieren Sie es einfach einmal aus?

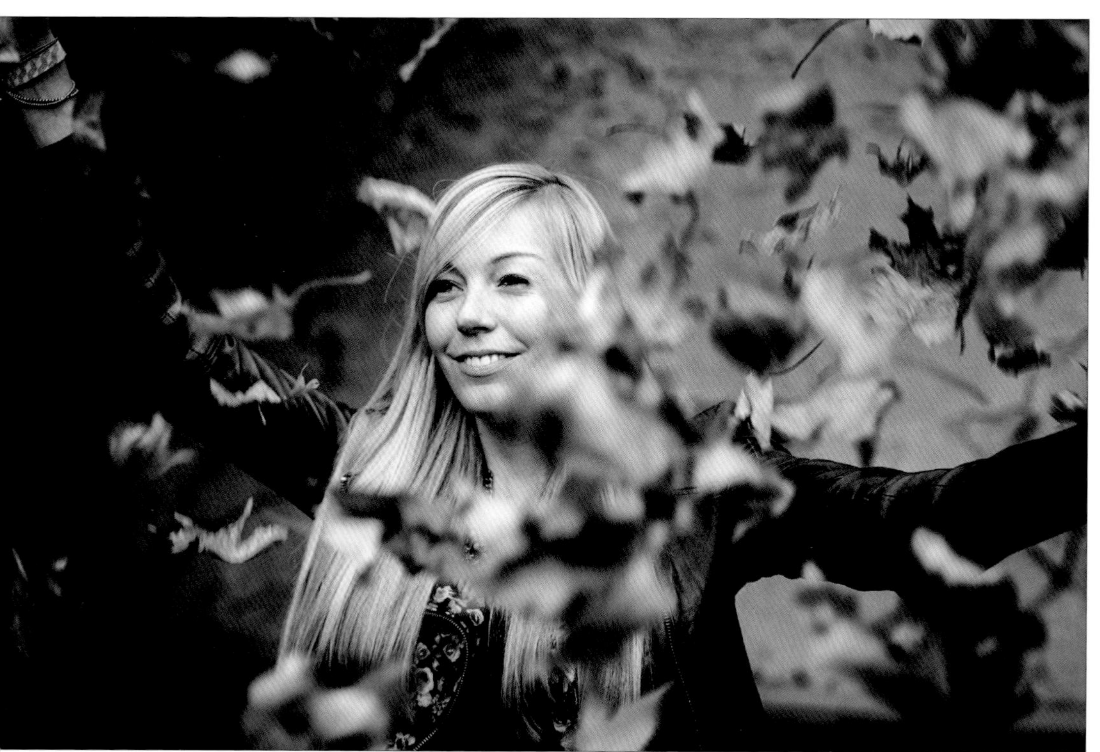

Danksagung

Ein Buch zu schreiben erfordert Fokus, Konzentration und Leidenschaft für die Sache, aber vor allem auch viele hilfreiche Geister. An erster Stelle möchte ich mich bei Frau Julia Geller bedanken, die nicht nur eine sehr gute Assistentin bei einigen der hier gezeigten Fotos war, sondern auch maßgeblich zum Gelingen dieses Buches beigetragen hat. Das Gleiche gilt für Frau Sina Hessler, die zu Beginn vor allem das Borderline-Projekt mit betreut hat. Natürlich bedanke ich mich bei allen Personen, insbesondere Patienten, die mir erlaubten, sie zu fotografieren! Weiterhin bei meinem Freund und Lektor Gerhard Rossbach, der den Mut hatte, dieses Buch zu verlegen, und mir mit Rat und Tat zur Seite stand und steht. Seine konstruktive Kritik war immer hilfreich. Mein herzlicher Dank geht zudem an die Universität Heidelberg, die mir ein Umfeld ermöglicht, in dem ich mich entfalten kann und die Projekte auch direkt unterstützt. Weiterhin geht ein großes Dankeschön an Dr. Kaufmann und Frau Rehn-Kaufmann (Leica AG), die mich sehr unterstützt haben und auch weiterhin fördern, ohne Gegenleistungen zu erwarten. Die Freundlichkeit und Offenheit dieser beiden ja sehr beschäftigten Persönlichkeiten hat mich beeindruckt! Ganz herzlich möchte ich mich bei den Fotografen Robert Mertens und Walter Schels bedanken, die mir erlaubten, sie zu interviewen und ihre wunderbaren Fotografien zu zeigen. Die Interviews waren stimulierend und ich habe sehr viel gelernt dabei. Besonders möchte ich mich bei Walter Schels bedanken, ohne ihn wäre dieses Buch nicht entstanden. Er ist nicht nur ein herausragender Fotograf, sondern auch ein wunderbarer Mensch mit Tiefgang. Sein Workshop über die Porträtfotografie war ein Ereignis. Einige Kapitel habe ich im Café Nerd in Heidelberg geschrieben. Dem Eigentümer Thomas, der auf seine ganz spezielle Art und Weise mit viel Liebe und Perfektionismus jedes Getränk zubereitet, gilt mein herzlicher Dank. Letztendlich: Was wäre ich ohne meine Motorradfreunde, mit denen ich immer wieder meine Ideen und Konzepte diskutieren kann: Hermann, Norbert, Magnus, Michael, Peter: Danke! Danke auch an meine lieben Freunde Elke und Laura und an meine Mitarbeiterinnen, stellvertretend genannt seien hier Kirstin Hübgen und Ines Ulrich, die mich bei der Vorbereitung und Durchführung der Vernissagen unterstützten. Ohne meine Frau Annett und meinen Sohn Maximilian wäre alles nichts! Danke, dass Ihr für mich da seid.

September 2015, Heidelberg

Literatur

1 Heisler, G. (2013). *50 Porträts: Stories and Techniques from a Photographer's Photographer.* Amphoto Books.

2 Barnow, S. (2012). *Therapie wirkt!: So erleben Patienten Psychotherapie.* Heidelberg: Springer.

3 Schuster, M. (2005). *Fotos sehen, verstehen, gestalten: Eine Psychologie der Fotografie.* Springer.

4 Davidson, R. (2012). *Warum wir fühlen, wie wir fühlen: Wie die Gehirnstruktur unsere Emotionen bestimmt – und wie wir darauf Einfluss nehmen können.* Arkana.

5 Badge, P. (2008). *Nobel Faces.* Wiley. S. 612 Zitat

6 Ralf Hanselle im Gespräch mit Martin Schoeller. *ProfiFoto 3/15,* 42–45. S. 45 Zitat

7 Gockel, T. (2014). *Just one Flash! Tolle Fotos mit nur einem Blitz.* dpunkt.verlag.

8 Valenzuela, R. (2014). *Perfektes Posing mit System: Der Praxisleitfaden für Fotografen und Models.* dpunkt.verlag.

9 Carney, D. R., Cuddy, A. J. C., Yap, A. J. (2010). Power Posing: Brief nonverbal displays affect neuroendocrine levels and risk tolerance. *Psychological Science 21(10),* 1362–1368.

10 Funke, J. (2013). Neues durch Wechsel der Perspektive. *H. R. Fischer (Hrsg.), Wie kommt Neues in die Welt? Phantasie, Intuition und der Ursprung von Kreativität,* 187–196. Frankfurt: Velbrück. Auch Zitate

11 Suzuki, S. (1999). *Zen-Geist Anfänger-Geist: Einführung in die Zen-Meditation.* Theseus. Zitat

12 Barnow, S. (2013). *Gefühle im Griff.* Heidelberg: Springer.

13 Baumeister, R. F., Bratslavsky E., Muraven M., Tice, D. M. (1998). Ego Depletion: Is the active self a limited resource? *Journal of Personality and Social Psychology 74(5),* 1252–1265.

14 Fromm, E. (1993). Haben oder Sein. München: dtv. Zitat

15 Nolde Stiftung Seebüll (Hrsg.) (2011). *Emil Nolde. Mein Leben.* DuMont Buchverlag. Zitat S. 74

16 Breton, A. (2001). *Man Ray.* Köln: Taschen Verlag. Zitat S. 36

17 Till Brönner – »Eye Contact«. In: *LFI 7/14*, 26–39. Zitat S. 38

18 Cartier-Bresson, H. (1952). Der entscheidende Augenblick. *Meisterwerke: Photographien.* Schirmer/ Mosel. Zitat S. 14

19 Capa, R. (2001). *Slightly Out of Focus.* New York: Modern Library.

20 Mertens, R. (2011). *Kreative Fotopraxis: Bewusst sehen, außergewöhnlich fotografieren.* Galileo Design.

21 Patterson, F. (2012). *Photography and the Art of Seeing: A Visual Perception Workshop for Film and Digital Photography.* Canada: Firelfy Books.

22 Burger, E. & Starbird, M. (2014). *The 5 Elements of Effective Thinking.* Princeton: Princeton University Press.

23 Maisel, J. (2014). *It's Not About the F-Stop.* New York: New Riders. Auch direkt zitiert

24 Jost, S. (2012). *Manuell belichten mit der Digitalkamera.*

25 Coyle, D. (2010). *The Talent Code.* Random House Books.

26 Zotz, V. (1999). *Mit Buddha das Leben meistern. Buddhismus für Praktiker.* Rowohlt Verlag. Zitat Kindle S. 287

27 Williams, J. B. (2012). *Image Clarity: High-Resolution Photography.* The Iris Group.

28 Kahnemann, D. (2013). *Thinking, fast and slow.* Penguin.

29 Freeman, M. (2013). *The Photographer's Mind.* Focal Press.

30 Gilbert, P. (2013). *Mindful Compassion.* London: Robinson.

31 Skuban, R. (2014). *Die Psychologie des Yoga.* München: Arkana. (Kindle Pos. 1040)

32 Weiser, J. (1999). *PhotoTherapy Techniques: Exploring the Secrets of Personal Snapshots and Family Albums.* Vancouver: PhotoTherapy Centre.